JN100597

「利他」に捧げた人生

ある在日実業家の生涯

永野慎一郎

明石書店

はじめに

日本の植民地時代に韓国の農村で生まれ、初級学校を卒業し、13歳の時、出稼ぎにきた両親を頼って日本にやってきた金熙秀（キムヒス）少年は、働きながら学校に通った。戦時中であったが、いずれ戦争が終わると考え、廃墟となった地に建設ブームが起きるだろうと予測した。その時は電気技術が重視されると予想し、中学校から電機工学を学んだ。学費を払えない時は休学し、学費の用意ができると復学するなど、休学と通学を繰り返した。そのため、3年制の高等学校を4年かけて卒業した。家庭の経済事情を考えて、大学には進学せず、専攻を生かして電気会社に就職した。

終戦によって、多くの同胞は解放された祖国に帰国したが、金熙秀の家族は全員東京に移住していたことから、故郷に帰っても田畑もなく、子どもたちの学業の継続を考慮して日本残留を選択した。

金熙秀は、終戦直後の混乱期に東京都心の繁華街を歩きながら、街を歩く人たちの姿をみて、どの時代にも衣食住は必要であり、必要な日常商品があることに気づく。熙秀はそれまでに貯めたお金で、有楽町駅前に小さな店「金井洋品店」を開店する。物不足の時代に繁華街の人通りの多い場所に開いた店だったため、商品はよく売れた。お客さん一人ひとりに対して親切丁寧に接し、良い商品を安く売る薄利多売の商売をめざした。そのために信頼され、リピーターが増え、安心して買える店として評判となる。店は繁盛し、売り上げも増えた。これが後の金熙秀の経営哲学となった。

商売が軌道に乗り、学業の継続のため東京電機大学に入学し、働きながら通った。睡眠時間は1日4時間以内の毎日だった。1953年3月、金熙秀は29歳で大学を卒業する。

1950年に勃発した朝鮮戦争は日本経済の復興の契機となった。戦争に参戦した米軍に軍需物資や役務などを提供し受け取った戦争特需によって沈滞していた日本経済は息を吹き返した。

朝鮮戦争特需の影響で産業活動が活発になるのを見極めて、金熙秀は洋品店を弟・熙重（ヒジュン）に譲り、東京大学造船科を卒業して魚群探知機を発明した兄・熙星（ヒソン）と双葉魚探機株式会社を設立した。日本の水産業は将来性のある有望な産業であると判断し、産業界に飛び込んだ。しかし、遠洋漁業の業者相手の商売は集金が困難であることから、双葉魚探機は兄に任せ、戦後復旧事業に備えて、新たに三沢製鋼株式会社を設立。その頃、大蔵省の意向を受けて第三国人（朝鮮人・韓国人）には銀行融資できないという法令が発布される。この業種は在日韓国人である自分にはふさわしくないと判断し、三沢製鋼を売却する。しかし、二度の失敗は単なる失敗ではなかった。金熙秀が実業家として成功する上で大きな教訓となった。自分が活躍する業界はお金の流通がスムーズに流れる事業が良いと認識できた。

その間、工場敷地の地価が急騰し、三沢製鋼の売却代金から負債を清算して、4000万円ほどが残った。そこから不動産価値に関して目が覚める。不動産事業こそ、安定的な現金の流れの良い事業であると判断した。それが不動産賃貸業を始めるきっかけとなる。

不動産賃貸業の重要な条件は土地の立地条件だ。東京都心の繁華街に何度も足を運び、流動人口、交通条件、生活環境などを詳細に調べた。調査の結果、最初のビル建設の場所は東京銀座に決めた。

1961年4月、賃貸ビル業金井株式会社を設立。手持資金4000万円で、銀座7丁目の土地を購入する。建物を建てる資金はない。銀行は韓国人であることが分かると、相手にもしない。韓国人が日本で生活していくことがいかに大変かということを改めて知る。それでも、金熙秀を信用してお金を貸してくれる人が現われた。信用の大切さを改めて知った。入居者が入ってよかったと思えるような建物を建て、安心して使用できるビルの管理を心がけ、故障が発生した時、即時対応できる体制を作った。

第一金井ビルが完成し、入居者が入居して、便利で使いやすい建物と評価され、良い評判が出回り、すぐ満室となる。金井ビルは一度入居すると出て行く者がいない。それが評判となり、金井株式会社の賃貸ビルは常に満室になる。評判が良くなると、今度は日本の大手銀行が競って融資を持ち掛けるようになった。

金熙秀は銀座界隈に7棟の賃貸ビルを建設し、新橋、浅草、渋谷、新宿など主要都心の繁華街にも34棟のビルを建てた。すべて都心の一等地だ。銀座のビル財閥と言われた。

金熙秀は土地を買い入れ、建物を建てる時、事前調査と綿密な計画のもとで行なう。将来性のある場所を選び、安全で使いがってのよい建物を建てることが基本方針だ。目先の利益の追求ではなく、将来を見通した事業経営をめざした。お客さんに喜ばれる建物を建てることをビジネス方針とした。金熙秀は最高のビル会社をめざした。立地条件の選択、設計、建築、ビルのメンテナンス、不動産紹介、修繕に至るまで一貫したシステムの総合賃貸ビル会社とした。

金熙秀は、東京の繁華街に賃貸ビルを次々と建て、短期間にビル財閥といわれるほどの金持ちとなる。しかし、彼の生活は極めて質素である。銀座7丁目にある第一金井ビルのエレベーターのないビルの5階に社長室を設け、階段を上り下りした。社長室といっても狭い空間の仕事場にすぎない。乗用車もなく毎日電車や地下鉄に乗って通勤する。所用で外出する時も電車やバスなどを利用するサラリーマンと変わらない生活である。

無駄使いをしない節約型の金熙秀にとって、金の使い道は別にあった。金がある程度貯まると、社会貢献をはじめた。北海道に山林原野を買って植林をはじめるというような一風変わった金の使い方だ。特に、教育事業に関心があり、留学生たちを支援し、研究者たちの国際学会に助成金を出し、児童養護施設の園児たちを支援するなど、困っている人たちを助けることに熱心だった。

教育事業として東京で金井学園を設立し、グローバル化に対応できる語学力をつけ、国際社会で活躍できる人材養成を推進した。そして、祖国で教育事業を始める。韓国の名門私立大学中央大学の経営を引き受けた。中央大学は大学経営に行き詰まり、多額の負債を抱え込んで処理できなくなっていた。金熙秀は救援を要請され、財団理事長を引き受け、約130億円の負債をすべて現金で返済し、大学再建に着手した。

大学再建のためには、まず、教職員の待遇改善によってやる気を起こさせ、学生たちに安心して勉強できるように厚生施設や教育環境の整備が必要であると考えた。逸早く教職員給料を大幅に増額し、大学キャンパスの整備に取り組んだ。教育インフラ整備と共に、新しい時代に対応できる人材育成のための学部・学科、大学院の新設による組織拡大に努めた。金熙秀は理事長就任から、1993年までの7年間に約180億円の資金を提供した。借金で倒産寸前だった中央大学は借金のない大学に変わった。大学キャンパスは変貌し見違えるほどになった。

破産状態に直面した中央大学の事情を聞いてから、金熙秀は知らぬふりをするわけにはいかなかった。祖国の発展のための教育事業に貢献したいと考え、日本でこつこつと貯めた巨額の資金を惜しまず投入して中央大学経営を引き受けた。短期間で大学を再建させ、大学発展の基盤を作った。

それにもかかわらず、中央大学のなかには、金熙秀理事長を批判する勢力があり、理事長にことごとく反対し、理事長職から引き下ろそうとするグループが存在したことも事実である。純粋な気持ちで、祖国での教育事業に情熱を燃やしながらも、それを理解しようとしない人たちと闘わなければならない状況に悩む日々でもあった。そのような事態とともに、金熙秀は不運にも日本経済のバブル崩壊と韓国におけるＩＭＦ金融危機に直面し、多大な経済的損失を受け、資金調達ができない状況となった。そのために、大学への資金提供の継続は不可能であると判断し、さらなる大学の発展のためには、充分な財力を所有し、教育に意欲を持っている後継者に経営権を移譲することにした。韓国大手財閥斗山グループに経営権を移譲した。

金熙秀は中央大学の救援投手として登板して21年間、理事長として大学発展のために全力投球した。莫大な負債を清算し、施設を増築するだけでなく、教育内容の充実や教育環境の整備に取り組み、大学の組織拡大とそれに伴う校舎の新築および設備などに集中的に資金を投入した。特に、メディカル・センターの開設は中央大学の重点事業だった。

中央大学は金熙秀理事長時代に清廉潔白の経営方針によって発展を成し遂げ、組織の拡大と共に、教育の質の向上により目覚ましく成長した。韓国総合大学ランキングの7位になるなど、名門私立大学としての名声を高めた。これは金煕秀理事長時代の功績である。

経営権を引き渡した後、ソウルで財団法人秀林財団と財団法人秀林文化財団を設立し初代理事長として奨学事業や文化芸術支援事業を推進した。

銀座の不動産財閥と言われるほど資産を所有していた時期もあったが、子孫に資産は残さなかった。人を育てるために使うと口癖のように言っていた通り、多くの資産は自然に消滅した部分もあったが、遺産は財団に寄付したので、本人の希望通り、財団の運営によって育英事業は半永久的に続くものになった。

本書は、金煕秀という成功した在日韓国人実業家の一代記であるが、単なる個人の生涯の記録よりも当時の時代的背景や社会的状況をも紹介し、さまざまな苦境のなかで生きてきた在日コリアンたちの生き様を理解するうえで、少しでも役立てば望外の喜びである。

金煕秀は無一文で生まれ無一文で去ったが、人を遺すための育英事業は金煕秀の遺志にしたがって、後継者たちによって継承されている。また、「中興の祖」として再建に尽くした韓国中央大学は、さらなる発展を成し遂げている。

中央大学や金井学園で学び、社会で活躍している卒業生たちの姿をあの世で見ながらさぞ喜んでおられることを想像しながら、生誕１００年に際し、金煕秀先生に本書を捧げたい。

「利他」に捧げた人生――ある在日実業家の生涯◎目次

序章　在日コリアンの祖国愛

日本の植民地時代に故郷を離れて日本に移住し、厳しい経済状況の下で忍耐と努力によって生活基盤を作り上げ、生活に余裕ができるようになると、在日コリアンたちは、まず故郷に残してきた親族のことが頭に浮かぶ。そして、国土が分断され、同族間で対立が続く状況のなかで、依然として貧困から抜け出せない祖国の政治や経済が気になった。

そもそも在日コリアン1世たちの日本移住の経緯は、数世紀におよぶ朝鮮王朝による西洋との没交渉政策のもとで近代化が遅れ、困窮極まる生活を余儀なくされていた農村の若者たちが、遅ればせながらも開港したことによってもたらされた世界情勢を察知し、欧米先進国から新しい文明を受け入れ、近代化を始め、産業化を進めている日本に行けば、職が求められ、働きながら学べるということに気づいたことによる。しかし、日本での生活は決して容易ではなく、民族的な差別のなかで、辛酸をなめながら、生きていくために必死に働くしかなかった。日本で生活するためには、まず人間として、信任されることが必要だ。その上で、他人以上に働き、実績を作らなければならない。そのためには忍耐も必要だ。必死に頑張れば、成功するという信念を持ち、日本人がやってない仕事や新しい分野を開拓しなければならなかった。

そうした環境の下で、しっかりした目的意識をもち、努力するなかで、運よく創業した事業に成功した在日コリアンが日本社会には数多く存在している。戦時中や終戦直後の混乱する時期にこそ新しい事業を始めるチャンスでもあった。卓越な知恵をもち、日本人が気付かない、新しい事業を創業して成功した人たちも数多くいる。彼らは時代の変化を先取りし、アイデアとチャレンジ精神で果敢に挑戦してやり遂げて成功した企業家たちである。ロッテグループ創業者・辛格浩（シンキョクホ）（日本名重光武雄）やMKタクシーの創業者・兪奉植（ユボンシク）などがよく知られている。ソフトバンク創業者・孫正義（在日3世）などもそうした企業家の系譜に連なるといえるだろう。

在日コリアンの1世たちの共通点は、祖国が文明開化に出遅れ、長年にわたって貧困生活を余儀なくされ、学びたくても充分な教育を受けられなかったという辛い思いがある。そのために、彼らは日本に渡り、働きながら学べる道を選んだ。彼らは働きながら学びたいという意欲をもち、苦学する生活だった。しかも、就職差別によって大学を卒業しても就職先が見つからない時代である。自営業しか生きていく道はなかった。それまでに学んだ知識や技術を活用し、学業を終えると、時代を先駆けするアイデアを考え出し、新しいビジネスをはじめた。創業した事業が上手くいくと、次々と事業を拡大し、新しい事業へと発展させた。事業に成功し、ある程度資産が蓄積すると、日本で培った技術やノウハウなどを持って、祖国に進出する企業家もいた。中には、自分たちが充分な教育を受けられなかった経験から、民族教育に関心を持ち、故郷の学校の教育環境の整備や奨学金制度の設立などの育英事業をはじめ、高等学校を設立し運営する者も出た。金熙秀のように大学の経営を引き受けて経営に携わる者も現れた。

これは在日コリアンの民族愛、祖国愛から来る一種の愛国心と見られる。在日コリアンによる祖国愛は教育事業だけではない。現在、韓国は世界第10位（2020年現在）の経済大国になっている。1960年代初めまで、世界でもっとも遅れていた発展途上国の韓国が「漢江の奇跡」を起し、いつの間にか先進国クラブといわれるOECDに加盟し、G20として、世界で活躍する国となった。在日コリアンからすれば、夢のような話である。その過程で国家としても厳しい状況に見舞われたことも度々あった。そのような時に、在日コリアンたちは祖国愛を発揮して、さまざまな側面から支援した。主な支援について紹介する。

1948年7月29日から8月14日まで、ロンドンオリンピックが開催された。大韓民国政府樹立は同年8月15日だった。そのため、正式に国家としてオリンピックに参加する資格はなかった。しかし、5月に総選挙が行なわれて国会が構成され、憲法制定により国会で大統領が選出されていたことから、実質的な国家体制ができていると見做され、国際オリンピック委員会（IOC）が特別参加を許可した。

しかし、日本の植民地から解放されたばかりで、南北分断により政治や経済が混乱し、財政的に厳しく、韓国政府としてはオリンピック選手団を支援できる状況ではなかった。選手団67人はソウルを出発し、釜山経由で横浜港に到着した。在日本朝鮮体育協会が中心になって歓迎行事やもてなしを行なった。そして、選手団が使用するユニホームにはじまり、サポーター、ストッキング、国旗、大会旗、カメラ、フィルム、医薬品などの身の回り品まで準備し、現地交通費、宿泊費、送迎費用など一切の費用を在日同胞の寄付でまかなった。また、当時韓国では調達が困難な国際競技用の用具である投てき用の槍、円盤、ハンマーなどは日本陸上競技連盟から寄贈された。

1988年のソウルオリンピック開催が決まると、在日同胞たちは支援に乗り出した。在日本大韓民国居留民団（現在は、在日本大韓民国民団）は「ソウルオリンピック大会在日韓国人後援会」を結成し、募金運動を開始し約94億円を集めた。主要な人たちは一人1億円寄付が割り当てられた。金熙秀も個人で1億円を寄付した。

在日韓国人婦人会は「1日10円」貯金運動を呼びかけて、約3億円を集めた。そのうち、オリンピック支援事業として2000万円を送金し、パラリンピック障碍者用車いす30台を寄贈した。そして、全国主要観光地のトイレを水洗式に替える事業に2億7000万円を充てた。海外からの観光客に旧式のトイレをそのまま使用させることはできないと支援を呼びかけ、トイレ改善作業を進めた。

在日同胞がソウルオリンピック支援金として寄付したのは、在日韓国人後援会と在日婦人会の寄付金を合わせると、約100億円。その時、日本以外の世界各国に居住する同胞からの寄付金の合計は約1億円だった。在日コリアンの祖国に対する愛情の深さは比較にならないほど大きい。

1997年11月、韓国がIMF通貨危機に直面したとき、在日コリアンたちは緊急支援事業を開始した。民団は、緊急行動指針を発表した。

1　在日韓国人企業による本国投資を積極的に推進する。

2　在日韓国人各自が外貨預金銀行口座を世帯当たり、一つ以上の通帳（10万円以上）を開設し、韓国に外貨を送金する。

3　韓国政府が発行する外貨表示債権を積極的に購入する。
4　日用品を含む国産品を愛用する。
5　海外旅行を自粛し、日本人と在日韓国人の韓国旅行を積極的に奨励する。

以上の緊急行動方針を決め、民団の関連組織を通じて支援事業への協力を要請した。特に、強力に推進したのは、「日本円貨送金キャンペーン」だった。この支援事業をはじめた1997年12月から99年1月までに在日韓国人が本国に送金した金額は7806300万円（米貨で約10億ドル）に達した。当時、金大中政権が1998年3月、日本で3000億円規模の円ベース国債を発行した。積極的な広報活動はせず、民団側に愛国心次元で国債購入を要請したものである。民団もこれに応じ、積極的に大韓民国国債購入運動を展開した。ロッテグループ会長辛格浩は個人財産1000万ドルをはじめ、日本の金融機関から借り入れた5億ドルを韓国に送金した。IMF通貨危機のとき、公表された在日同胞の送金額は、公式に集計された金額のみである。韓国政府が日本で発行した円貨国債の在日同胞の買入実績、母国投資同胞企業の外貨預金、米ドル建てによる送金、日本国籍者名での送金の場合は集計に入ってない。在日同胞が韓国で株式を購入すると、外国人投資となり、在外同胞が韓国内で使用する旅行経費も統計に集計されない。例えば、ロッテグループの辛格浩のように法的に外国籍の場合は、韓国送金の外貨はすべて外国人送金扱いとなる。したがって、実際の在日同胞による送金額はもっと多いと推定される。

日本の主要都市に韓国公館が10カ所ある。そのうち、9カ所は在日同胞たちが寄贈したものだ。現在の駐日韓国大使館の敷地（3091坪）を提供したのは、当時、大阪在住の在日企業家徐甲虎（日本名坂本栄一、坂本紡績社長）だ。東京都港区南麻布一丁目所在の同地は、東京の一等地であるだけでなく、かつて松方正義、米内光政という総理大臣を歴任した大物政治家が所有し、戦後、駐日デンマーク公使の邸宅として使用していたものを徐甲虎が購入し、韓国政府に寄贈した。

徐甲虎の大使館敷地寄贈がきっかけとなり、1960～70年代、日本各地の在日同胞たちは寄付を集め、大阪、横浜、名古屋、神戸、福岡、札幌、仙台、下関（後に広島）という総領事館の土地や建物を韓国政府に寄贈した。下関総領事館が閉館となり、総領事館が広島に移転したのは、中国地方を管轄する公館所在地として、人口が多い広島に移転したことは韓国政府の政策的判断である。

このように、祖国が困難な状況に直面する度に在日同胞たちは率先して支援した。朝鮮戦争の時、北から大量の難民が南に押し寄せてきたが、在日同胞たちは素早く戦災民救援募金運動を展開した。台風や洪水などで被害が発生した時も水害義援金を送り、セマウル（新しい村作り）運動をはじめた時は、出身地別に故郷の農村の近代化のためのさまざまな事業に協力し、財政的に支援した。

在日1世の世代は、家庭の経済的事情で勉強したくても中等教育や高等教育を受けることができなかったという事情がある。そのような思いから、祖国の経済発展に貢献するためには人材育成が必要だと認識した在日企業家たちが人材育成や育英事業に乗り出した。在日の有志たちは祖国の近代化のための重要な要素である教育インフラ整備のために尽力した。韓国は世界でも稀なスピードで近代化を成し遂げ、民主化を達成した。この過程において在日コリアンたちが果たした役割も少なくない。その立役者の一人が本書の主人公である金熙秀である。

第1章　貧しい少年時代

儒学者の家門で生まれる

金熙秀（1924年6月19日〜2019年1月19日）は、慶尚南道昌原郡（現在の昌原市馬山合浦区）鎮東面橋洞里771番地で、父護根（1892年10月8日〜1979年10月9日）と母沈校連（1891年1月23日〜1973年11月15日）の4男3女の7人兄弟姉妹の真ん中4番目、次男として生まれる。

鎮東面橋洞里は馬山と鎮海に隣接する海辺にある小さな農村である。行政区域の統廃合を経て、2010年に馬山市と鎮海市が昌原市に統合されたことから、昌原市馬山合浦区に編入され、現在に至っている。

1899年の馬山浦開港により、馬山に外国の租界が設置され、開港場の事務を担当する監理署をはじめ、税関、郵便局、電報局、裁判所、各国領事館など近代的な施設ができた。1905年に日露戦争で日本が勝利すると、三浪津と馬山を結ぶ鉄道が開通され、馬山に移住する日本人が急増した。この頃はまだ馬山は行政区域上、昌原府に属していた。

鎮東面はロシアが馬山の土地を租借して海軍極東艦隊基地として使用しているとき、日本がロシアを牽制するために海軍基地を鎮東（当時は鎮海湾）から熊川（ウンチョン）（現在の鎮海）に移動したあと、鎮海県管轄の東（トン）面、北（ブク）面、西（ソ）面のうち、東面を「鎮東」と命名したことから、「鎮東」という地名ができた。鎮東公立普通学校卒業生で、当時最難関校だった大邱師範学校を卒業して地元の三鎮（サムジン）中学校長などを歴任し、鎮東初級学校同窓会長などを務めた地域の名士・洪寅奭（ホンインソク）は、この歴史的な事情に関して、こう説明した。

日本はこの地域の鎮東を鎮海といい、朝鮮政府から租借することを文書化した。その後、ロシアがその東側の馬山を根拠地としたことから、この鎮東を継続して根拠地とした場合、日本本土との連絡がロシアの妨害によって不便であると考え、文書上の鎮海はここ鎮東ではなく、馬山の東側の現在の鎮海地域だと主張して鎮海を開発した。

馬山は古くから港として栄え、物流と交通の要衝地として発展した港湾都市であり、日本の植民地時代は朝鮮半島における7大都市の一つだった。1592年、豊臣秀吉による壬辰倭乱（イムジンウェラン）（文禄・慶長の役）が起きたとき、名将李舜臣（イスンシン）率いる亀甲船が二度にわたり日本軍を撃退した場所が、まさしくこの合浦沖（現在の馬山港沖）である。

金家一族がこの地に定着したのは1800年代後半と言われている。熙秀の曾祖父金祚憲（キムチョホン）から始まる。19世紀末の朝鮮（チョソン）は社会経済的に変動期であった。朝鮮王朝が長期にわたって堅持してきた西欧との国交封鎖政策を放棄し、門戸を開いたのは１８７６年に日本との間で結ばれた江華島（カンファド）条約からである。この条約によって門戸開放され、釜山（プサン）、元山（ウォンサン）、仁川（インチョン）が先に開港した。

朝鮮政府は開港の意義を認識するようになり、受け入れ態勢を整え、１８９７年の木浦（モクポ）と鎮南浦（ジンナムポ）の開港に際しては、条約による開港ではなく、日本の独占的地位を排除するために欧米列強にも同時に開港する勅令によって開港する方法を採用した。引き続き１８９９年に群山（グンサン）、城津（ソンジン）（咸鏡北道（ハムキョンブクド））とともに馬山港を自由貿易港として開放した。開港は外国人に通商と居住を認めることであり、そのための港を開放することを意味する。馬山港の場合、開港によって得られる関税収入に着目するとともに、日本とロシアに対する外交的均衡を企図しようとしたが、これは期待したほどの成果はなく、むしろロシアの南下政策と日本の大陸進出政策が激突し、日露間の角逐の場となり、日露戦争を引き起こすきっかけとなった。

日本は１９０２年に日英同盟を締結し、勢いに乗ってアジア大陸への進出の機会をうかがっていた。他方では、北東アジア地域において不凍港獲得を求めて南下政策を推進していたロシアと、満州（現在の中国東北地域）や朝鮮半島における政治的、経済的権益をめぐって対立していた。

日露両国の戦雲が緊迫していることを察した大韓帝国（デハンジェグク）政府は１９０４年1月23日、日露両国間の厳正局外中立を宣言した。しかし、日露間の外交交渉が決裂し日露戦争が始まると、局外中立の堅持は不可能となった。

韓国（ハングク）の保護国化を進めていた日本は、１９０４年から07年まで3次に及ぶ日韓協約を締結し、引き続き１９１０年8月22日、韓国併合条約を締結して韓国を植民地にし、植民地統治を開始した。

日露戦争で勝利した日本は、1905年9月5日、ポーツマスで締結した日露講和条約によって韓国における日本の優越権を獲得した。これより先にルーズヴエルト大統領の命を受けて来日したタフト陸軍長官は桂太郎総理大臣との間で、日米秘密協約「桂・タフト協約」を締結した。「桂・タフト協約」は米国の対フィリピン権益と日本の対韓国権益を相互に認め合うものであった。

このように、日露戦争は韓国の運命を左右する歴史的なできごととなった。その結果、朝鮮王朝最後（大韓帝国）の皇帝「純宗（スンジョン）」は退位を余儀なくされ、併合条約によって日本の本格的な植民地統治が始まった。ここに518年続いた朝鮮王朝は幕を閉じた。

再度、馬山に目を転じると、1899年5月1日、馬山浦の開港直後に日本の釜山領事館馬山分館が設置された。しばらくの間、駐馬山浦日本領事補が駐在していたが、翌年1月1日、坂田重次郎が馬山駐在日本国領事として着任した。これと並行して、日本人の自治団体である馬山居留民会が組織された。馬山居留民たちは1902年11月に馬山尋常高等小学校を設立し運営した。当時の生徒数は241人だった。

1899年6月2日、馬山浦開港に伴って、各国共同租界が設置された。しかし、ロシアは馬山浦開港直前から共同租界の予定地には関心がなく、共同租界の設置趣旨が通商貿易であることから、共同租界以外の土地を海軍基地として物色していた。これは共同租界設置の趣旨と目的から外れた行動であったが、ロシアは強引に単独租界を主張し実現させた。そうすると、ロシアと密接な利害関係をもっている日本も単独租界の設置を要求した。結局、1900年6月4日、栗九味（リュルクミ）にロシア単独租界が設置され、1902年5月17日、滋福洞（ジャボクドン）に日本単独租界がそれぞれ設置された。共同租界は実質的に日本が管理していたので、馬山浦においてロシアと日本による治外法権行政が行われるようになった。

1905年11月、第2次日韓協約（乙巳保護条約）の締結によって馬山に理事庁が設置されると、馬山駐在日本領事館は閉鎖された。馬山理事庁は1906年2月から本格的な業務を開始し、馬山浦をはじめ昌原、鎮海、熊川などが管轄地域となった。1906年末には馬山居住の日本人は950世帯の3652人となった。

書堂（寺子屋）の風景

1876年以来、開国によってもたらされた大きな変化は西欧との国交封鎖政策を堅持していた朝鮮において国際貿易が拡大されたことである。外国との交易拡大によって、外国人と接する機会が多くなり、国民が外国の文物に直接接する契機となった。開港によって港を中心に人や物の移動が激しくなり、社会経済的な変化が生じ始めた。

このような変化に刺激を受けた熙秀の曽祖父金祚憲は、ソンビ（儒学者、知識人）として一家の経済力の衰退に危機意識を持ち、時代の変化に目覚めた。依然として変わらない農村の雰囲気を察し、新しい生活の基盤構築をめざして、周辺地域から時代の変化に順応して開拓を試みている鎮東面橋東里に移住してきた。鎮東面橋東里は港に近いことから新文物に接する機会が多いことに着目した。祚憲は橋洞里に移住してから先祖代々継承してきた儒学の知識を活用して生活も安定したかにみえた。祚憲の三男であり、熙秀の祖父金泰琪(テギ)（1866年12月16日～1949年2月2日）は朝奉大夫（朝鮮王朝時代従四品の官制）や童蒙教官(トンモン)（地方の郡・県に設置された郷校の児童教育担当の官職）を勤めた漢学者だった。しかし、当時、鎮海県童蒙教官だった金泰琪は1908年に鎮海県が廃止されたことで、その官職がなくなり、失職した。さらに不運にも、1910年の併合条約によって日本の植民地となり、朝鮮総督府が実施した土地調査事業によって土地を奪われることになり、生活さえも厳しくなった。

それまでは、村の人たちに冠婚葬祭を始めとして日常生活全般にわたって相談を受け、吉凶の日取りなどを教える村のアドバイザー的な存在として、経済的に裕福な家庭とはいえないまでも、生活には不自由がない農地を所有し安定的な生活を営んでいた。しかし、時代の変化によって一族は、一気に貧民に転落してしまった。

植民地支配の始まり

熙秀の父護根が生まれたころ、東学(トンハク)農民運動が起こり、これがきっかけになって、朝鮮を舞台にして日清戦争や日露戦争に展開するなど歴史的なでき事が次々と起きた。このような時代背景のなかで、1910年に日本と韓国の間で韓国併合条約が締結され、500年以上続いた朝鮮王朝は終焉を迎えた。朝鮮王朝の終幕は、世界は西洋先進国を中心に自由貿易を行なうなど大きく変化しているにもかかわらず、朝鮮では王室中心の閨閥（けいばつ）政治が横行し、頑なに門戸を閉ざして文明開化が遅れた結果である。特に、先進国では近代教育が進行し、新しい産業が興っているにもかかわらず、古い伝統文化を踏襲し、自給自足の農業中心の経済体制から脱皮できなかった王朝の政治や経済に対する認識不足に起因するものと見るべきであろう。基本的には当事者の責任問題であるが、そのような王朝の衰退を狙って、周辺国である清国、ロシア、そして日本がその支配権をめぐって、戦争まで引き起こした東アジア近代史に対する歴史的な評価も今日的な課題であろう。

国権を失った朝鮮民族にとっては受難の時代だった。貧しいなりに平穏に暮らしていた国民すべてに降りかかってきた受難は儒学者である金泰琪の家庭にも襲って来た。金泰琪一家に変化をもたらしたのは、韓国併合と共に朝鮮総督府によって推進された土地調査事業だった。

近代的な土地の登記制度を導入するという名のもとで、土地所有権の調査が実施された。これは、一つの土地に対して一つの所有権を認めるという近代的な土地所有制度を確立するとして実施された。しかし、土地調査事業は排他的な資本主義的所有権を法的に認めさせることに止まった。土地所有権者の確定において、複雑にからみあった伝統的な所有権に対する精密な調査もせずに実施したため、本来の農地改革とはほど遠い結果をもたらした。

封建的な土地所有者である収租権者が土地所有権を申告し、近代的私有権者として法的に認められた反面、実際上の土地の保有者であり、耕作者であった農民は土地私有権を認められなかった事例が数多くある。

さらに、農民たちが持っていた部分所有権としての賭地権（永小作権を転貸する権利）や耕作権まで何の保障もなしに土地所有権から剥奪した。また、申告主義を採用したため、複雑な規定を理解できず、やり方が分からないため申告できなかった農民も多く、それらの土地は「国有地」に編入され総督府所有地となった。また金泰琪のような知識人は日本の植民地政策に対する反感から、総督府が推進する植民地政策を素直に受け入れようとしなかった。

その結果、従来から事実上土地を占有し、耕作していた数百万の農民たちが土地占有権を奪われ、自由契約によって地主と耕作関係を締結する小作農民として再編された。そのために、土地を喪失した大多数の農民は小作農家という農業労働者として農業を継続するか、そうでなければ、新しい職業を求めて農村を離れなければならなかった。

朝鮮王朝末に韓国政府によって開放された通商地以外の奥地においても日本人たちは違法に土地を取得していた。朝鮮人の名義を借りるか、納税義務を忠実に履行することで土地調査事業以前にすでに広大な農地を所有していた事実もある。

土地調査事業に着手してから3年目の1914年の統計によると、朝鮮における農家総数は259万237戸。そのうち地主は4万6754戸（1.8%）、自作農家56万9517戸（22%）、自作兼小作農家91万1261戸（35・2%）、小作農家106万2705戸（41%）と構成されている。（『朝鮮総督府農業統計表』昭和8年版）

一方、所有形態別に見ると、総耕地面積295万9159町歩のうち、自作地142万1108町

歩（48％）、小作地153万8051町歩（52％）となっている。（『朝鮮総督府統計年報』昭和5年版）

小作農家は農家全体の41％を占め、自作兼小作農家を含めると、実質的に小作をしていた農家は76％となる。したがって、1.8％の少数の地主が総耕地面積52％に当たる小作地を独占し、朝鮮の農家の76％を支配していた。地主は大地主ほど日本人が多い。1927年の200町歩以上所有者は日本人192人に対し、朝鮮人45人。

土地調査事業の実施によって次第に自作農家と自小作農家が没落し、その大部分が小作農家となっていた。これが当時の朝鮮農家の実情である。

韓国併合以後、朝鮮における日本人地主は急増したが、中でも東洋拓殖株式会社は最大の地主だった。東洋拓殖株式会社は1908年12月、朝鮮における資源開発産業振興を主たる目的として、日韓両国政府によって設立された半官半民の国策会社だった。東洋拓殖は優良土地を中心に買収を始め、1920年には、水田5万1130町歩、畑1万9422町歩、その他の土地6682町歩の合計7万7234町歩となった。水田5万1130町歩は朝鮮における水田全体の3.3％に相当する。東拓は朝鮮の代表的な地主となった。

東拓は拓殖資金の長期金融を行なうとともに農地経営、牧場経営、山林経営、塩田経営など第一次産業を主体とする各種事業を行なう一方、1910年から日本から農業移住民募集事業を開始した。1910年から26年までの17年間に朝鮮に渡った農業移住民は1941年現在、3875戸、1万9860人。移住民1戸当たりの平均耕地は水田2・33町歩、畑0・24町歩。当時、朝鮮における全農家の1戸当たりの平均耕地は水田0・58町歩、畑0・91町歩、合わせて1・49町歩。水田でみると、朝鮮農家平均の4倍以上になる。当時、0.5町歩未満の耕地しか所有していない朝鮮の農家が60％であることを考えると、東洋拓殖が実施した農業移住民は潤沢な土地所有者だったと言える。

地域的には慶尚南道、全羅南道、全羅北道、京畿道などに多く移住していた。移住民は日本の都道府県すべてから集まった。出身地別に多い順は、1位佐賀県、2位高知県、3位福岡県、4位山口県、5位岡山県、6位熊本県。地理的に近い九州、四国、中国地方からの移住民が圧倒的に多い。

東洋拓殖は国策会社として植民地政策の方針に沿って経済活動を展開し、後進的な朝鮮の経済的条件のもとで豊富な資金と経験を武器に朝鮮の産業の中核部門を徐々に掌握した。

朝鮮総督府の元財務局長は、東洋拓殖は「『一般の銀行のようには預金しない金融機関なのです。そこで金を貸す時には抵当をとりましょう、土地以外にはないのです。明治末から大正初は、抵当物件というものは土地以外にはない。財産というものがない。土地を抵当にとる。朝鮮人は金を返すということはない。それで抵当流れで皆東拓に入る。これが一つの恨みのもとになる。ずいぶん土地を、金を貸して取り上げてしまった』と証言した」（山辺健太郎『日本統治下の朝鮮』岩波新書）

このような日本の植民地政策によって農地を失った農民たちが農村では暮らせなくなったことから、農村の若者が故郷を離れるのが当時の社会風潮だった。都市に行って労働者として働くか、さもなければ、国境を超えて海外に行くかであった。海外に行くには二つのルートがあった。一つは平（ピョン）安（アン）道・咸鏡（ハムキョン）道を経由して満州地方に行くルートであり、もう一つは海を越えて日本に行くルートであった。こうして農村から多くの若者が故郷を離れて満州や日本に渡った。

父親は日本へ出稼ぎに

朝鮮王朝は永年にわたって門戸を閉ざし、西洋との交渉をかたくなに拒んでいた。王朝内が権力闘争に明け暮れているとき、日本による併合のために植民地化が進んでいた。そのようなご時勢に、外の世界では大きな変革が起こっていることに祖父金泰琪は気づいた。それは少し前の日本人の行動でもあった。日本は世界の変化に逸早く気づき、西洋先進国から学ぼうとして、西洋の文物を受け容れ近代化を始めた。祖父は日本の侵略政策に対しては容赦できないとしても、当時の朝鮮がおかれている立場としては、先に近代化を始めた日本で学ぶことが得策だと判断した。

先覚者である祖父は息子たちを日本に行か

〈図1－1〉

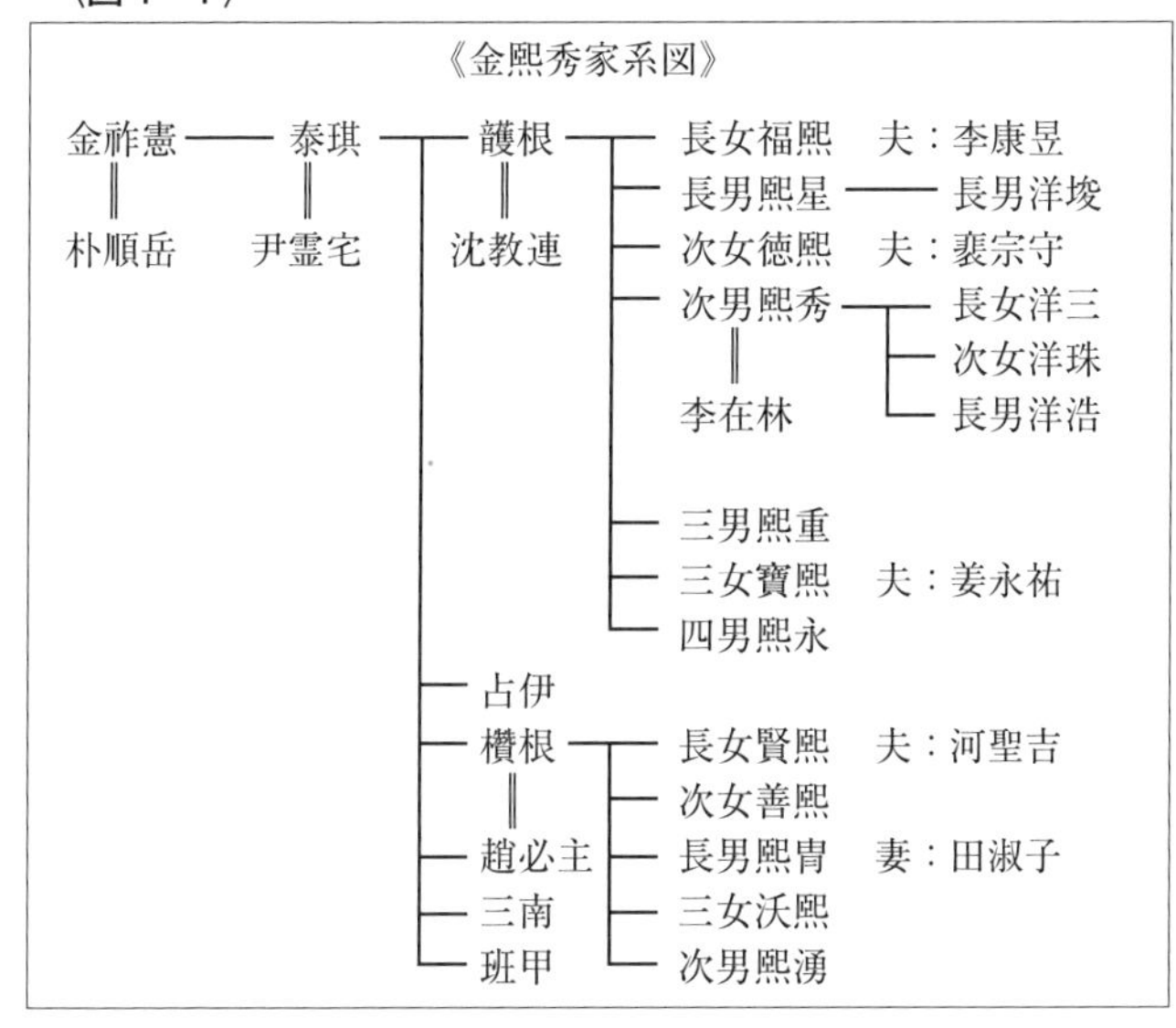

せるための計画を立てた。未知の世界でどのような苦痛にも耐え、体験するなかで自ら進むべき道を選択すれば良い。そして、その道筋を作ってやることは親としての責務であると考えた。

１９１８年から息子たちを日本に行かせることにした。まず次男瓚根（チャングン）（１８９９年11月５日出生）を先に行かせた。瓚根は未婚だったので気軽さもあって、先遣隊として選ばれた。瓚根に東京で生活基盤を作らせてから、翌年に長男護根を日本に行かせた。家庭事情を考えながら計画的に派遣した。

護根と瓚根の兄弟が日本に行って働いていると言っても経済的に好転するようなことはなかった。

１９１８年に第１次世界大戦が終わり、１９１９年に朝鮮半島では３・１独立運動が起きた。

同年２月８日、東京にいた留学生約６００人が東京神田の朝鮮ＹＭＣＡ会館で留学生大会を開き、日本警察の包囲のなかで、崔八鏞（チェパルヨン）（早稲田大学生）をはじめ、11人の代表が署名した朝鮮独立宣言を発表した。「２・８独立宣言」と称されている。この独立宣言が導火線となって引き起こされたのが「３・１独立運動」だ。「２・８独立宣言」は第１次世界大戦が終了し、アメリカ大統領ウィルソンが講和原則の一つとして提唱した「民族自決主義」に刺激を受け、在日朝鮮人留学生代表11人が署名した宣言文だ。日本語と英語文を日本の貴族院議員、衆議院議員、政府要人、各国駐日大使、内外言論機関などに郵送した。

独立宣言文が発表されると、会場を取り囲んでいた警官たちが会場に乱入し、指導メンバーたちは一斉に検挙された。署名した学生だけでなく、集会に参加した学生たちは警察からの通告を受け後に各大学を退学させられた。しかし、宣言署名者のうち、２人は使命を帯びてすでに日本から脱出していた。宋継白（ソンケベク）は京城に、李光洙（イクァンス）は上海に秘密裏に派遣され、国内および海外の独立運動勢力と連携を図った。この事件は、日本国内はもちろん、海外でも報道され大きな波紋を呼び起こした。京城にも伝えられ、3・1独立運動の導火線となった。

世界恐慌の荒浪が日本にもやってきた時期だった。経済的に厳しい状況のなかで、1923年には関東大震災が発生し、日本人の朝鮮人に対する差別意識は益々強くなり、震災下での朝鮮人虐殺事件も起きた。

このような時に子どもたちを日本に呼び寄せることは容易なことではなかった。そのような状況のなかでも欑根は働きながら中央大学法学科で学び、卒業後、地方裁判所書記として勤務するなど、少しずつ東京での生活基盤ができ上がっていた。

故郷に妻子を残して日本に渡った熙秀の父護根は、昼夜休む暇もなく勤勉に働き、貯めたお金を持って里帰りした。熙秀が生まれた翌年、1925年に護根は長男熙星(ヒソン)(1919年10月28日出生)を連れて日本に戻った。熙星が5歳のときだった。日本で教育させることが目的だった。熙秀はまだ1歳にもなってないので連れて行くことができず、鎮東普通学校卒業まで待たされた。

熙秀の父護根は、働いてある程度お金が貯まると故郷の家族に送金していた。郵便局から少額郵便為替で送金すると、朝鮮の最寄りの郵便局から受け取る。日本に出稼ぎに行った多くの朝鮮人たちがこの制度を利用して、家族に送金していた。

父親から送金が届いたとき、または手紙をもらったときは、熙秀や姉たちは祖父のところに集まって手紙の内容を聞かされた。そんなときに熙秀はときどき裏山や丘に登って遠い海を眺めながら、考え込んだりした。子ども心にも海向こうの父や兄に逢いたくて遠い海を見ていたのだろう。

金熙秀の鎮東普通学校の一年後輩ながら、親戚であり、親友でもある洪寅奭は、金熙秀の中央大学理事長時代は理事として支えてくれた生涯にわたる親友である。熙秀のことを知り尽くしていた洪寅奭は晩年、少年時代の熙秀について「子どもの頃は、日常的に飢えていた。彼の祖父母は他者に助けを求めない性格だったので、腹が減っても我慢するしかなかった」と証言している。

うちはお金持ちではなかったけど、使用人を二人ぐらい雇う余裕はあった。私の祖母と熙秀の祖父は姉弟だったので、祖母はいつも熙秀の家庭を心配し食べ物などを使用人に運ばせていた。当時の熙秀の家は農業ができる土地がなかったため、彼の両親は東京へ出稼ぎに行った。けれど、朝鮮人が日本でできる仕事は多くなかった。廃品回収業を営み、お金が貯まると実家に送金していた。その送金だけでは食べていけなかった。それでも祖父母は食糧を工面しようとはせず、家族は我慢していた。そんな時に熙秀は腹が減っても我慢しながら日当たりのよい所にしゃがんでいるしかなかった。

熙秀の祖母が教会に行くことになったのは、キリスト教の信者だった私の祖母に勧められたからだ。最初はお世話になっている義妹の誘いを断れなかったかもしれないけど、だんだんと信仰心が深くなり、その祖母に同行して熙秀も教会に通うこととなった。

(『秀林外語専門学校創立30周年記念誌』盧治煥(ノチファン)論文より)

当時朝鮮の農家では、秋に収穫した穀物が底をつき、次に獲れる麦が収穫できる旧暦3~4月までの期間を春窮期（ちゅんくんき）といわれ、この時期を越えることが大変困難な時代だった。貧しい農家ではこの時期に食べる食糧がなく、飢え死にすることもあったことから、社会問題となっていた。

祖父から漢学を学ぶ

このような家庭の事情のために、熙秀は幼少時に父親の代わりに童蒙教官を勤めた漢学者の祖父から普通学校低学年課程を修学し、漢字の薫陶（くんとう）を受けた。まず「千字文」や「童蒙先習」などを習ったのである。

「天（ハヌル・チョン）　地（ター・ジ）　玄（カムル・ヒョン）　黄（ヌル・ファン）　宇（ジブ・ウ）　宙（ジブ・ジュ）　洪（ノルブル・ホン）　荒（コチル・ファン）」

「寒（チャル・ハン）　來（オル・レ）　署（トウル・ソ）　往（カル・ワン）　秋（カウル・チュ）　収（コトウル・ス）　冬（キョウル・トン）　蔵（カムチュル・ジャン）」

熙秀は祖父が「ハヌル・チョン、ター・ジ」と声を出して読みあげると、その声を聴きながら、意味も知らずにただ暗唱した。その成果があって、小学校に入る前に千字文を読み、書き、解釈ができた。それがきっかけとなって、漢字の意味が分かるようになり、漢字を覚えるのが面白くなった。それが潜在的な知識となり、小学校に入ってから、また東京での学生時代、さらには生涯にわたって役に立ったものである。

祖父は熙秀に漢文を教えるだけではなかった。孫を膝の上に座らせて、孔子・孟子の儒教思想や郷土愛、祖国愛などを教え、自然や人生、生きることがいかに大事なのかなどを教えた。そのために自然に儒学者である祖父の影響を受け、儒教的素養を感受し、儒教思想にも関心を持つようになった。

熙秀が鎮東普通学校、いまでいえば小学校であるが、5、6年の頃、祖父は「自己を卑下する必要はないが、過大な自尊心を持つことを戒めよ」と説き、謙虚な気持ちで人に接し、いやしくも他人を卑下し、自己の意見にむやみに固執してはならないと戒めていた。また、「自分は他人に騙されることがあっても、どんなことがあっても自分は他人を騙すな」と説いていた。

また、この時期に家庭生活のなかで熙秀の思想に影響を与えたのは祖母尹霊宅（ユンヨンテク）（1863年10月17日～1955年4月24日）だった。祖母は早くからキリスト教に帰依し、篤実なクリスチャンとして教会に通っていた。ときどき孫たちも教会に連れて行った。熙秀も姉たちと一緒に教会に通い、幼い時から聖書の話を聞き、讃美歌を歌うなど、キリスト教の教理に接していた。祖母がこの時期にキリスト教徒となったことは学識のある家柄の出身であることとともに、開化思想が芽生えていたからであろう。

祖母は祖国の没落や家庭の零落など苦しい生活環境のなかでもキリスト教の信仰心をもち、時代の変化に適応しながら、孫たちを養育し、希望と勇気を育むように努めた。熙秀の感受性の鋭い少年期に培われた生涯の思想的な基礎は、こうした祖父母から儒教的、キリスト教的生活習慣に接するなかで形成された。経済的に困難な状況のなかでも祖父の儒学的倫理観と知識、祖母のキリスト教的生活様式を享受しながら幼少期を過ごした。このような幼少時の家庭教育が熙秀の成長してからの人生観や世界観、特に道徳心の形成において少なからぬ影響を与えたものと考える。

熙秀の祖母が通っていた鎮東教会は１９１０年に設立された歴史のある教会である。豪州長老教会宣教師たちが１８９７年から慶尚南道地域で宣教活動を開始した。鎮東地域にも長老教会宣教師たちが巡回し、１９００年頃から数人の朝鮮人教徒が集まって礼拝することから教会が定着した。１９１０年11月15日に大韓耶蘇教長老会鎮東教会創立を記念する公式礼拝が行われた。このとき、鎮東教会は夜間学校を設立し、男女28人の学生に聖書や基礎学問を教えていた。当時、宣教師たちによって布教されたキリスト教は教育、医療、社会事業などに先導的な役割を担っていた。

鎮東公立普通学校（当時）

やがて鎮東に学校ができた。１９０８年10月、私立進明学校が開校していたが、それを校名変更して１９１４年４月に鎮東公立普通学校とした。昌原地域で一番早く設立された学校だ。

韓国が併合された１９１０年の朝鮮人生徒が通学する公立普通学校は全国で１２６校、官立と私立を合わせても１７１校。そのうち慶尚南道には7校しかなかった。鎮東地域は早い時期から学校や教会があったことを考えると、鎮東地域は開化された地域である。そのような環境の中で熙秀は幼少時に教育を受けた。

学校では日本語で教育を受ける

当時、朝鮮人児童が通学する学校を普通学校とし、日本人児童が通学する学校を小学校として区別して教育した。全国の普通学校171校、生徒数2万194人に対し、小学校は128校、生徒数1万5509人だった。当時朝鮮に居住する日本人は全人口の1.3%ほど。日本人の優越的な教育であった。

当時朝鮮人社会では、まだ教育に対する認識が低く、意識の差があったことは否定できないにしても、植民地支配の教育政策が民族意識を抹消しようとするものであるという意図を感じていた朝鮮人社会では公立学校を敬遠し、書堂という私塾に子どもを通わせていた事情もあった。

1910年から24年までの14年間に小学校は学校数で約3.5倍、生徒数で約3.4倍増加したのに対し、普通学校は学校数約7倍、生徒数約17倍に急増した。特に、1920年以後に急増している。教育に対する熱意が芽生えた。

人口増加によって学校数も生徒数も増えている。しかし、朝

〈表1－1〉小学校と普通学校の規模の推移

	小学校		普通学校	
	学校数	生徒数	学校数	生徒数
1910	128	15,509	171	20,194
1915	309	31,256	429	60,660
1920	409	43,838	681	107,287
1924	448	53,136	1,218	345,813

資料：『大正13年朝鮮総督府統計年報』第7編

鮮人の場合、初期にはさまざまな要因があって進学を希望する児童が少なかったが、時代の変化とともに、学びたいという意識が国民のあいだでも芽生えてきたことも見逃せない。特に、1919年の3・1独立運動などで見せていた学生たちの目覚ましい活躍や東京留学生たちが異国、しかも日本帝国主義の心臓部において独立運動を展開し、祖国の独立運動の火付け役をしていたことが一般国民にも知らされ、多くの国民が感銘を受けていたことも背景にあった。

それまでの新教育に対する不信という社会風潮から変化が生じはじめ、学校に入学しようとする意欲が具体的に現われ、適齢期の生徒たちが学校に集まった。このように、社会の変化によって1920年から朝鮮人生徒が急激に増加したことから、学校も増設した。熙秀が普通学校を卒業する頃の1937年には2601校に増加し、生徒数も90万1182人になった。ただし、中等教育の

〈表1-2〉普通学校・高等普通学校の授業時間数（週）

科目名＼学年		1	2	3	4	合計
普通	朝鮮語・漢文	6	6	5	5	22
	日本語	10	10	10	10	40
高等	朝鮮語・漢文	4	4	3	3	14
	日本語	8	8	7	7	30

〈表1-3〉女子高等普通学校の授業時間数（週）

科目名＼学年	1	2	3	合計
朝鮮語・漢文	2	2	2	6
日本語	6	6	6	18

資料：『馬山市史』馬山市史編纂委員会編（表1，2とも）

高等普通学校は26校にすぎず、女子高等普通学校は17校止まりだった。

１９１１年８月に〈朝鮮教育令〉と〈私立学校規則〉が新設された。当時の各級学校での朝鮮語および日本語の週当たりの時間数をみると、総督府の教育方針が示されている。民族語教育よりも日本語優先の教育プログラムであり、皇民化推進のための教育方針である。普通学校は小学校、高等普通学校は中学校、女子高等普通学校は高等女学校のレベルである。

〈表1-2〉と〈表1-3〉は、初級および中級学校における朝鮮語・漢文と日本語教育の授業時間数である。朝鮮人生徒に対する語学教育が日本語中心に編成されている。日本人化のための語学教育である。学校の管理運営は日本人によって行われ、教育行政においても極めて差別的に実施されていた。

民族語を教えてくれた朝鮮人教師に出会う

煕秀は幼少時には祖父の下で漢学を学んでいたが、１９３３年4月、８歳になってから、鎮東公立普通学校に入学した。１９０８年に地方の有志によって設立された私立進明学校が１９１４年４月に公立学校となって鎮東公立普通学校に校名変更された。その年、煕秀といっしょに入学した同級生は52人。１９３８年3月に47人がいっしょに卒業した。

卒業後ほとんどの人が地方に残って農業を営んだ。なかには馬山、鎮海、晋州、大邱（テグ）など周辺都市に進学した者もいた。当時は普通学校だけ卒業しても農村地域では地方の有志として活躍した時代で

鎮東初等学校 22 回卒業生一同

秀林文化財団関係者と鎮東初等学校訪問（中央は校長先生）

ある。故郷に残った鎮東普通学校第22期の同期生たちは毎月同窓会を開いた。会長の洪性坤は鎮東普通学校を卒業し、密陽公立蠶業学校に進学した。同校卒業後、故郷に戻り、地域で活動しながら同期生たちの世話をしていた。

由緒ある鎮東初等学校（小学校）は、現在では少子化のため廃校する学校も多いなか、現在７００人を超える生徒を有する伝統校として１００年以上の歴史を継承している。卒業生のなかで、輝かしい実績を残した27人が〝自慢の同門〟として選ばれた。金熙秀もその一人だ。

当時、熙秀が学校で学んだのは日本語、日本の歴史、日本の文化だった。朝鮮語や朝鮮の歴史は教えてもらえなかった。日本人教師はまるで軍人だったという。授業時間にも日本刀を挿して教室に入っていた。

熙秀が４年生のとき、京城から新しく赴任した朝鮮人教師がいた。明倫学院（現在の成均館大学校の前身）を卒業して最初の勤務地として片田舎の鎮東公立普通学校の教師に赴任した李泊淳先生だ。李泊淳は釜山の東莱出身で、父李熙輔は１９０７年に東莱耆英会が設立した私立東明学校（現在の東莱高等学校）で教鞭を取っていた教育者だった。その父から儒教的価値観や民族意識などを教えてもらいながら育った。

李泊淳は主として漢文と書芸を担当していたが、それまで教えてもらった日本人教師たちとは違った。懇切丁寧に教えるばかりでなく、情熱に溢れており、生徒たちが何を学びたいかを知っていて、それを教えてくれた先生だった。

「皆さん、私たちがなぜこのように国を亡くし、苦労しながら生きていかなければならないのかを知っていますか？」

「わが国がなぜこのように貧乏な国になってしまったのかを知っていますか？」

「とっても辛いことであるが、私たちが一生懸命に勉強し、実力を備えなければならない理由が何だと思いますか？」

それまで、誰からも聴いたことがなかった李泊淳先生のこのような言葉は熙秀の胸を躍らせた。なんとなく課題も見えてきた。自分たちと家族の未来、国家と民族の将来について考える重要な契機となった。学校の勉強も面白くなった。いつの間にか学校に行くのが楽しくなった。授業中は李泊淳先生の一語一句を聞き漏らさないように耳を傾けたのである。

4年生になるまで、生徒たちには朝鮮語を学ぶ教科書さえ与えてもらえなかった。李泊淳は生徒たちに朝鮮語教材を自ら作って配布し、朝鮮語とハングル文字を教えてくれた。国力がなく国を奪われても、言葉と文字さえ守っておれば、民族精神まで奪われることはないというのが李泊淳の教育哲学だった。

「文章は自分が考えていることを整理する道具です。文章を上手につくるためにはどうすればいいと思いますか？　単語をたくさん覚え、文法も知らなければなりません。そしていい文章を書くためには、良い本をたくさん読むことです。そうすれば、良い文章を書けるようになります。民族の言葉で文章を書くことは素晴らしいことです。そのようになれば、民族の精神を守り抜くことができますと教えた。

李泊淳先生のお陰で熙秀は母国語を読み書きできるようになり、自分の考えを表現する方法を身につけるようになった。当時の朝鮮語の文章はハングル文字と漢字混じりの文章であったので、朝鮮語の実力の向上とともに漢字の実力が向上していた。李泊淳先生に出会ったことは熙秀にとっては幸運だった。少年期の熙秀に勇気と知恵を与えてくれたのは李泊淳先生だったからである。

このような教育を受けながら、熙秀はなんとしても個人的には勉強に励み、実力をつけることであり、その実力を土台にして民族のために何かをやりたいと考えた。このような目標を達成するために父と叔父、そして兄がいる日本に行って、遠大な志を抱いて思い切って羽ばたきたいという希望に満ちていた。

李泊淳は解放後、建国準備委員会慶尚南道委員長、釜山日報初代主筆、釜山市副市長、慶尚南道選挙管理委員会副委員長など官職を歴任し、金熙秀が中央大学財団理事長をつとめた時代には同財団理事として弟子の教育事業を陰で支えてくれた。

後に李泊淳先生の夫人に会ったとき、夫人から次のような話を聞いた。

「理事長さん、あの人はあなたのことをよく話していましたよ。当時村の誰もが貧しかったけれど、そんななかでも理事長さんは本当に心根がよくて、年齢に似合わず何かを成し遂げようと努力する気性を持っていたばかりか、目標を立てたらどんなに辛くともへこたれない強い意志のある生徒だという印象を受けたそうですよ」

李泊淳先生は幼い頃の熙秀のことをしっかり見ていたのであろう。それにしても、若き教師の教育哲学が熙秀の胸中に棲み込み、熙秀にして民族教育の必要性を自覚させ、そのための使命感を持つようになったきっかけになったのである。

懐かしい故郷の思い出

熙秀の少年時代は同輩の仲間たちと楽しく遊んだ思い出もたくさんある。山間に囲まれている校洞里は海辺に面しており、四季折々に山や野原には色とりどりの花が咲いた。自然に恵まれた環境の中で伸び伸びと幼少時を過ごした。草花のなかで寝転び、自然に触れながら同輩の仲間と時間が経つのを忘れて遊び惚けてしまい、暗くなってから帰宅することもしばしばあった。そんなことがあっても祖父母は叱ったりはしなかった。

晴れた日には仲間たちといっしょに海岸に魚釣りに出かけた。村の竹林から竹を取ってきて釣竿を作った。それをつくることも楽しいひとときだった。釣った魚を持ち帰ると、母は喜んで釣ってきた魚と野菜などを入れてなべものにして食べさせてくれた。

春になると、母はよもぎとか、ナズナなどを汁にして食べさせ、よもぎ餅を作って食べさせた。主食である米や麦が不足していたので、副食としてこのような物で腹拵（はらごしら）えした。

熙秀は、春と夏には仲間たちといっしょに野原や山に行き、つつじの花を採って食べることも、松の木の皮を剥がして食べることもあった。また、小川に行き蛙やいなご、ザリガニなども採って食べたりした。それが当時朝鮮の農村では普通に行われていた。道端が凍る冬場にはそれもできなかった。もともとこの時代には米穀が少なかったので、主食といってもほとんど麦穀だったが、春になると、その麦穀も新穀ができる前に底をつくので、貧しい農家では飢えをしのぐのが大変な苦労だった。

父の留守の間、家事を切り盛りしたのは熙秀の母沈教連だった。没落した家門とはいえ、儒学者としての品格を維持したいという義父の世話をする傍ら、義母の世話もしなければならない。また、食欲旺盛な子どもたちの三度の食事をきちんと準備しなければならない。さらには、子どもたちの世話をするだけではなく、姉妹や従兄妹たちの面倒までも見なければならない立場であったことから、その苦労は想像するだけでも余りある。

熙秀が少年時代によく歌っていた童謡がある。

私の住んでいた故郷は花咲く山里
桃の花、杏の花、小さなつつじ
色とりどりの花、宮殿のような村
その中で遊んでいた時が懐かしい
花の村、新しい村、私のふるさと
青い野原の南から風が吹けば
川べりのしだれやなぎの踊る村
その中で遊んでいた時が懐かしい

歌い始めると、韓国人なら、誰でも口ずさみたくなるような、アリランと並んで、国民に愛されている童謡「故郷の春（コヒャンネポム）」である。

２０１５年に金剛山（クムカンサン）で開かれた南北離散家族の再会会場で、南北に離ればなれの家族が共に歌うことができた童謡だった。南と北を一つに繋いだ歌がこの歌であると、話題になった。

「ふるさとの春」という童謡の詩を書いた李元寿（イウォンス）は、幼少時は昌原で暮らし、馬山で普通学校に通っていたが、14歳のとき、父親を亡くした。15歳になった少年が父を慕う心と昌原での幼少時の追憶を思い出して書いた童詩「ふるさとの春」が１９２６年に月間児童文学雑誌『オリニ』（子ども）に入選したことから、当初李イレが作曲して馬山一帯で歌われた。その後、著名な作曲家の洪蘭坡（ホンナンパ）が新たに作曲して、アリランのような民族愛を感じさせる童謡として全国民に愛唱されるようになった。熙秀も同じ昌原出身である親しみもあって、少年時代から愛唱した童謡だ。

植民地朝鮮の教育事情

１９３７年12月現在の朝鮮の総人口は２２３５万５４８５人。そのうち朝鮮人２１６８万２８５５人、在朝鮮日本人62万９５１２人、外国人４万３１１８人。全人口のおよそ2.8％に当たる日本人が朝鮮におけるすべての権力を掌握していた時代だった。植民地政策によって、言語も歴史も抹殺され、教育の主体がすっかり日本人中心となっていた。

当時朝鮮で、小学校から大学まで設置された学校数４７４０校、生徒数１２１万１６１５人。学校に通学できない子どもたちは書堂（ソダン）（日本の寺小屋）という私塾に通って勉強していた。全国５６８１個所の書堂で、17万２７８６人が学んでいた。近くに普通学校がないか、財政的事情で学校に行けなかった子どもたちが、それでも学びたいという意欲で書堂に集まった。

学校教育は日本人中心に行なわれていたことから、地域によっては普通学校がなければ、入学することができなかった。また、中等教育機関の高等普通学校はもっと少ないため狭き門だった。高等教育を受けることはさらに困難だった。そのために実業学校に進学した。

当時、朝鮮国内の大学は京城帝国大学一校だけだった。５１６人の在学生のうち、日本人学生３５５人、朝鮮人学生１６１人。朝鮮人学生は31％にすぎなかった。経営母体は言うまでもなく、教職員の78％を日本人が占めていた。言語を奪われた状態での日本語による教育で、日本の植民地政策遂行のための指導者養成機関となった。少数精鋭のエリートを養成するための教育方針で一つしかない大学の7割ほどを日本人学生が占めていた。

そのため、朝鮮人学生が大学に進学することは狭き門であるため、進学は極めて厳しい状況であった。大学に進学できない学生たちは専門学校に進学するか、そうでなければ、日本や米国など海外の学校に留学したのである。

当時の専門学校は官立5校、公立2校、私立8校の15校。官立は京城法学専門学校、京城医学専門学校、京城高等工業学校、京城高等商業学校、水原（スウォン）高等農業学校があり、公立は大邱医学専門学校、平壌（ピョンヤン）医学専門学校があった。官公立には日本人学生が１２２７人在籍し、朝鮮人学生は６３５人と3分の1にすぎなかった。

官公立に入れない朝鮮人学生は自然に私立専門学校に流れていた。１９３７年当時、私立専門学校としては、普成（ボソン）専門学校、延喜（ヨンヒ）専門学校、セブランス医学専門学校、梨花（イファ）女子専門学校、京城歯科医学専門学校、京城薬学専門学校、中央（ジュンアン）仏教専門学校、崇実（スンシル）専門学校など8校が総督府当局の厳しい認可条件を備えて設立された。これらの専門学校が戦後名門の総合大学に発展した。とくにキリスト教系学校が目立っている。キリスト教系の財団は財政的なバックアップがあり、国内外のキリスト教徒の反発を避けるための配慮から認可が容易であり、朝鮮系の学校設立は民族教育を阻止しようとする政

〈表1－4〉朝鮮における教育機関の現状（1937年5月）

学校別	学校数	学級数	職員数	生徒数
小学校	505	2,165	2,493	89,811
普通学校	2,601	12,539	13,216	901,182
簡易学校	927	940	950	60,077
中学校	16	154	333	7,778
高等普通学校	27	299	627	15,629
高等女学校	30	233	455	11,924
女子高等普通学校	21	137	317	7,148
実業学校	72	434	991	20,323
実業補習学校	125	220	389	6,325
師範学校	6	80	191	3,658
専門学校	15	96	542	4,252
大学予科	1	12	43	461
大学	1	75	616	516
各種学校初等程度	347	1,128	1,279	70,279
中等程度	46	272	549	12,252
幼稚園	333	608	802	19,998
書堂	5,681	-	6,211	172,786
総数	4,740	18,748	22,991	1,211,615

資料：『朝鮮総督府統計年報』（1937年）、朝鮮総督府編

策的な方針から学校設立の認可条件を厳しくしたものとみられた。そのため、各種学校として設立し、後に専門学校として承認されたケースも多い。淑明（スクミョン）女子専門学校、明倫（ミョンリュン）専門学校などがそれである。他にも法令上は各種学校であったが、実質的には社会通念上の専門学校扱いの学校もある。中央（ジュンアン）大学の前身中央保育学校が実例だ。専門学校以上の学校に通う朝鮮人学生は2857人。日本人は2382人。朝鮮の教育機関であり、人口比から考えると、大きな格差である。

　中等教育以上の教育機関が少ないため、多くの若者が米国や日本の先進国に留学の道を選んだ。1938年12月現在、日本国内の教育機関で

〈表1－5〉日本人と朝鮮人別統計（1937年5月）

	学校数	職員数				生徒数		
		総数	日本人	朝鮮人	外国人	総数	日本人	朝鮮人
公立中学校	16	333	330	3		7,778	7,313	465
公立高等普通学校	16	389	333	56		8,922	175	8,747
私立高等普通学校	11	238	34	201	3	6,707		
公立高等女学校	29	436	432	4		11,268	10,702	566
私立高等女学校	1	19	19			656	635	21
公立女子高等普通学校	11	131	95	36		2,948	1	2,947
私立女子高等普通学校	10	186	34	141	11	4,200		
実業学校（官公私立）	72	991	780	207	4	4,546	1,013	3,533
官立師範学校	6	191	163	28		3,658	1,574	2,084
官公立専門学校	7	272	214	58		1,862	1,227	635
私立専門学校	8	270	66	161	43	2,390	504	1,886
京城帝国大学予科	1	43	39	2	2	461	296	165
京城帝国大学	1	616	479	135	2	516	355	161
合計	189	4,115	3,018	1,032	65	55,912	23,795	21,210

資料：『朝鮮総督府統計年報』（1937年）

学んでいた朝鮮人学生は、中学校7725人、高等学校および専門学校2183人、私立大学2296人、国公立大学152人、合計1万2356人。同時期、同じレベルの朝鮮における学校で通学していた朝鮮人学生数は約3万人と見込まれる。いかに日本での教育に頼っていたかが推察できる。学生数は、年々増加していた。1942年12月には、2万8427人に4年間で2倍以上に増加した。日本で教育を受け、解放後、帰国し祖国の発展に貢献した人は数多くいる。

この時期に高等教育を受けた人は私費留学生または早い時期に渡日し、日本で定住した朝鮮人の子弟たちである。一部の富裕層の子弟を除けば、大部分は苦学生だった。働きながら学校に通った人たちである。

この時期、日本で教育を受けた朝鮮人学生の中には戦後、韓国の政界、経済界、学界など多方面で活躍した人がいる。彼らは貧しさゆえに忍耐をもって努力し、向学心に燃え、働きながら学んでいた。朝鮮人独特の国民性から由来しているという見方もある。忍耐と根性で経済的に厳しい状況のもとでも勉学に励んだのである。彼らが戦後、解放された祖国に帰り、新生祖国の国つくりに多大な貢献をした。

日本移住の朝鮮人と朝鮮移住の日本人

朝鮮人の日本移住は1910年の韓国併合によって本格的に始まった。1909年には790人の日本移住者がいたが、その大部分は留学生だった。日本では1899年に外国人労働者入国制限法が実施され、朝鮮人だけでなく、外国人労働者の入国を禁止していた。入国制限法が併合により朝鮮人には適用されなくなったことから、日本への留学生数が増加した。勉学目的だけでなく、求職のために渡日し、働きながら勉強する人も多かった。

しかし、日本に移住した大多数の朝鮮人は単純労働者だった。初期には九州地方の炭鉱労働者か、または鉄道やダム建設工事現場などで働いていた。それを手掛りにしてよりましな仕事を求めて日本各地に広がった。勤務先も造船所、紡績工場、化学工場、金属機械工場など多様である。

朝鮮人の日本移住の増加は日中戦争が本格的になった1937年以降増加した。日本政府が1938年に「国家総動員法」を制定してから、朝鮮人労働者の渡日が急増した。1938年には日本居住の朝鮮人はおよそ80万人、終戦時の1945年には200万人を超えた。

〈表1-6〉在日朝鮮人渡航状況

年次	渡　航	帰　還	居住人口
1917	14,012	3,927	14,502
1923	97,395	89,745	80,415
1927	183,016	93,991	177,215
1937	118,912	115,586	735,683
1939	316,424	195,430	961,591
1941	368,416	289,838	1,469,230
1942	381,673	268,672	1,625,054
1943	401,059	272,770	1,882,456
1944	403,737	249,888	1,936,843
1945	121,101	131,294	2,365,263
（1-5月）			

資料：朝日ジャーナル編『昭和史の瞬間』（上）

朝鮮人の出身地別にみると、地理的に日本に近い慶尚南道と慶尚北道出身が圧倒的に多い。それに比して、平安（ピョンアン）道、咸鏡（ハムキョン）道、黄海（ファンヘ）道など北朝鮮出身は少ない。この地域の人たちは日本よりも満州地域に出稼ぎに行った人たちが多かった。ちなみに済州島（ジェジュド）出身は当時の済州島の行政区域が全羅南道（チョルラ）に属していたことから、全羅南道に入っている。

一方、朝鮮における日本移住者は次第に増加した。1933年までは在日本朝鮮人よりも在朝鮮日本人が多かった。しかし、1934から状況が逆転し、在日本朝鮮人が多くなった。日本の労働者が海外移住を始めると、日本国内の労働力が不足し、これを補充するために安価な朝鮮人の労働力を必要としていたからである。

1938年12月現在の在朝鮮日本人は62万3288人（15万8834世帯）で、北は北海道から南は沖縄に至るまで、日本全国、さらには樺太からも集まってきた。地理的に近い九州、中国、四国、近畿地方が圧倒的に多い。大部分が家族ぐるみの移住だった。

職業別にみると、公務員および自由業がもっとも多く、商業、工業、農業が続いた。植民地支配のための管理体制をつくり、主要産業を日本人が占めていた。

出身県別に多い順は、1位山口県5万6082人、2位福岡県4万9745人、3位熊本県4万3422人、4位長崎県3万6468人、5位広島県3万5103人、6位鹿児島県3万1414人、7位

〈表1-7〉在日朝鮮人の出身地別人口（1938年）

出身地	慶尚南道	慶尚北道	全羅南道	全羅北道	忠清南道
人数	300,143	184,641	165,125	48,858	28,751
出身地	忠清北道	京畿道	江原道	平安南道	平安北道
人数	22,524	14,433	8,312	7,824	4,666
出身地	咸鏡南道	咸鏡北道	黄海道		合　計
人数	5,884	3,044	5,643		799,848

資料：姜在彦・金東勲『在日韓国・朝鮮人：歴史と展望』1989年

大分県2万9759人など。在朝鮮日本人はその後も増加し、1942年には75万人を超えた。

これら日本人が植民地支配の担い手として朝鮮に移住し、他方で土地を奪われ、職業を奪われ、教育機会を奪われた朝鮮人たちが生きるための方策として、職を求めて日本にやってきた。

なかには強制連行で連れてこられた人もいる。一部富裕層の子弟のなかには留学のために渡日した人もいるけど、これはほんの一部にすぎない。このような環境の中でも、働きながら勉学に励んでいた人たちがいた。朝鮮国内では働きながら学ぶという環境すらなかった。しかし、先進国となった日本では産業化が進み、単純労働の労働者を必要としていたので、意欲さえあれば働きながら学校に通うことも可能だった。その可能性を求めて、多くの若者が日本に渡ったのである。数々の差別にも忍耐と根性で耐え、日本の社会に適応しながら、働きながら学ぶ若者たちがいた。終戦後、これらの人たちが蓄積した知識と取得した技術などを持って祖国に帰り、解放後、祖国の建設に貢献した。

13歳の少年単身玄界灘を渡る

熙秀が4年生のときに母も父もいる日本に来たが、それまで熙秀は祖父と祖母のもとで育った。いわゆるお爺ちゃん子だったのである。1938年3月、熙秀が普通学校を卒業すると、祖父母は熙秀の日本行きの準備に取りかかった。祖父は熙秀の渡航証明書の取得など手続をはじめた。祖母は毎朝教会に通って可愛い孫の将来のために神様にお祈りを捧げたのである。

4月の麗(うら)らかな春の日、熙秀は家族や親しい友だちとも別れを告げ、故郷鎮東を離れて、祖父といっしょに釜山（プサン）行の汽車に乗った。童蒙教官を勤めた儒学者の祖父はまだ13歳の幼い孫に自分の経験に基づいた生活哲学を聞かした。「平凡な生き方をしなさい」「傲慢になるなよ」だった。

釜山は開港都市として栄えている港である。人が多く集まっていることにまず驚いた。祖父の指示に従って、出航手続きを済ませ、旅客ターミナルで関釜連絡船（かんぷれんらくせん）に乗った。７０００トン級の船は見たこともない大きな船だ。あの船に乗って父や母がいる日本に行くのだと考えるだけでもわくわくした。

関釜連絡船は１９０５年から45年にかけて下関から朝鮮半島南端の釜山間を運航していた鉄道連絡船だ。１９０５年に釜山―京城間の京釜（キョンブ）線が開通し、引き続き京城―新義州（シンウィジュ）間の京義（キョンウィ）線が開通したことから、下関―釜山―京城―新義州を結ぶ国際交通網が完成した。

下関―釜山間の航路約２４０キロを約７時間かけて運航する。第２次世界大戦が始まる前には日本から朝鮮半島、満州、中国大陸、そしてヨーロッパに至る国際連絡運輸としての役割を担っていた。また、多くの日本人および朝鮮人がこの連絡船を利用して日韓両国を往来していた。この航路は険しい海として知られている。日本側では「玄界灘（げんかいなだ）」と呼び、韓国側では「玄海灘（ヒョンヘタン）」と呼んでいる。

１９０５年開通当初は１６００トン級の壱岐丸、対馬丸が運航。１９１３年から高麗丸、新羅丸が運航。１９２２年、23年には景福（キョンボク）丸、徳寿（トクス）丸、昌慶（チャンキョン）丸が運航。１９３６年、37年には金剛丸、興安丸が運航した。連絡船も時代の発展に伴って徐々に大型化し、７１０４トン級の船船になった。熙秀が乗船したのは金剛丸か興安丸のいずれかであろう。

連絡船のなかは、先祖代々耕してきた農地を失い、途方に暮れて職を求め日本に渡る若者であふれていた。生きるために懐かしき故郷を離れて行く彼らの姿は何となく暗い表情に見えた。下関に到着すると、父と母、そして兄と会えると考えると胸が熱くなった。

釜山港から下関港までは祖父がすべての手続きをしてくれたから、祖父が教えた通りにやって無事に関釜連絡船に乗り、目的の下関に到着した。重い荷物を担いで独りで異国の地に降り立つと、一挙に不安が押し寄せてきた。東京駅に兄の熙星が待っているはずなので、何とか東京駅までたどり着けばよいのだが、まず、下関駅に行って東京駅までの切符を買わなければならない。東京駅に1時間でも早く着くためには急行に乗らなければならないのだ。しかし、祖父から貰ったお金は余裕がなかった。

熙秀は13歳になったので、大人用の切符が必要だ。東京駅までの大人用の乗車券を1枚買った。それから急行に乗るためには急行券が必要となる。大人用の急行券を買おうとすると、お金が足りなくなった。普通列車に乗れば、急行券は不要なので、料金としては持っているお金で充分間に合う。しかし、下関から東京までの距離は１０００キロ以上ある。急行列車に乗るのと、普通列車に乗るのでは、10時間以上も違う。釜山—京城間の約2.5倍の距離だ。相当の忍耐力がない限り、普通列車に乗って長々と東京駅までは行けない。そうかといって子ども用に買い換えるわけにもいかなかった。日本に来て、初めての試練だった。熙秀は子ども用の急行券を1枚買って、急行列車に跳び乗った。発車後しばらくして車掌が検札にやってきた。胸がどきどきした。

「切符を拝見します」

熙秀は大人用乗車券1枚と子ども用急行券1枚を見せた。

「大人用乗車券と子ども用急行券ですか。これはどういうことですか？」

すかさず見破られた。とっさにカバンを開き、戸籍謄本を取り出して車掌に見せた。

「これはぼくの戸籍謄本です。ここにある金熙重（キムヒジュン）（1926年11月18日出生）というのが本人です。東京の父に会いに行くところですが、まちがって大人用乗車券を買ってしまいました。どうすればいいでしょうか？」

金熙重とは、2歳年下の弟の名前なのだ。熙秀は小柄なので通用した。

「ああ、そうでしたか。少々お待ちください」

車掌はいったん行ってしまったが、すぐに戻ってきた。

「すみません。それじゃ、大人の乗車券を子ども用に換えて、差額はお返ししましょう。どうぞ、これを受け取ってください」

「はい、ありがとうございます」

とっさに考えた妙案で窮地を脱し、しかも差額の釣銭まで返ってきたので、ほっとした気持ちがある反面、東京駅に近づくにつれ、自分がみすぼらしくどうしようもない人間だと考えるようになった。立派な人間になれと祖父にさんざん教えられ、大きな抱負を抱いて海を渡ってきたのに、日本での最初の振る舞いが嘘で人を騙すことだったかと思うと、自分自身が恥ずかしくて、いたたまれない心境だった。

東京駅に到着すると、兄熙星が迎えに来てくれた。兄は5歳のとき、父親と一緒に日本に来たので、実に13年ぶりの再会だった。日本で初めて対面した兄はもうすっかり大人になっていた。二人は熱い涙の抱擁（ほうよう）をした。

「遠いところを、大変だっただろう？」

「ううん、お父さんとお母さんは元気かい？」

その頃、両親は四国の高知県安芸郡北川村で暮らしていた。北川村は高知県の東部にある奈半利川を挟む山村である。昔から柚子の産地として知られており、多彩な農作物が取れる農村であるが、豊かな森林を利用した木材生産も行われている住みよい静かな山村である。この安芸郡北川村は、幕末の志士で坂本竜馬らと共に幕府側の京都見廻組によって殺害された中岡慎太郎の故郷でもある。また、隣接の井ノ口村は三菱財閥の創業者である岩崎弥太郎の出身地。歴史上の著名人の故郷だ。

第2章　苦難の青少年時代

懐かしい父母との再会

熙秀は東京で兄としばらく過ごしてから、両親との再会のために高知に向かった。東京から四国の高知まで、さらに安芸郡北川村まで行くには、丸一日はかかる道程である。朝鮮からの渡航とともに生まれて初めて経験した長旅だ。何しろ鎮東面で生まれて遠出したこともない田舎者にはこんな長旅は初めてだった。日本は都市だけでなく、田舎も町の風景が奇麗に洗練されている。

日本は島国とはいえ思った以上に国土が広いと感じた。車窓から見る日本の風景は朝鮮とは全く違っていた。山や野原には緑が多く、樹木が茂っている。なにしろ禿山がない。

両親は首を長くして息子の到着をいまかいまかと待っていた。

久しぶりに父と母に会ったときは感慨無量だった。言いたいことは沢山あったが、会ってみると嬉しくて何にも言えず涙を流すだけだった。家族とはそんなものなのだ。懐かしい母親の手料理を味わっているうちにすべてのことを忘れたような気分だった。数日経ってから、父がその間、父と叔父欑根が日本で生活してきた日々と経験を話した。そして日本で生きて行くためには、一にも、二にも「正直」でなければならないと強調した。「正直な人間になれ!」というのが父の口癖だった。そのときから「正直」が熙秀の座右の銘となった。正直な人間になって他人に迷惑をかけず、一生懸命に働けば、何人(なにびと)であってもいずれ評価を受けるようになる。積み上げた実績によって一人の人間として評価される。信用が大事であると父は繰り返し述べていた。

胸が熱くなってきた。あの下関駅から乗った列車のなかで、日本人の車掌を切符のことで騙したことが思い出された。祖父からいつも聞かされ、父からも何度もいわれたことであるが、なぜかこの日に限って、父の言葉が胸に刺さった。こうして、「正直に生きること」が熙秀の人生哲学となった。

父母が日本の辺境ともいえる四国・高知の山奥へ行ったのは、故郷鎮東面の遠縁の誘いによるものであったが、樹木の伐採などの力仕事や炭焼きでやっと生計を維持していた。その時代は生きていくのにそれが精いっぱいだった。

当時、日本人は朝鮮にいる日本人を「内地人(ないちじん)」と呼び、現地の朝鮮の人びとを「チョーセンジン」とか、「センジン」とか、「ハントージン」(半島人)と呼んでいた。この言葉はただ朝鮮という国の民だという意味だけにとどまらず、自分たちより劣等民族で、常識がなく、ニンニク臭く、礼儀知らずの貧乏人たちというような意味が込められていた。

また母は、暇さえあれば、いつでも口癖のように語った言葉がある。それは熙秀にとって母の教育方針であった。

「お前たちはしっかり勉強して立派な人間になりなさい」

兄の熙星と一緒に（右が熙秀）

「熱心に勉強して、他人に尊敬される人になりなさい」

耳に胼胝（たこ）ができるほど聞かされた言葉である。若いときから苦労した母の身に染みていた言葉であり、遺言でもあった。

厳しい経済条件のなかでも頭のいい兄の熙星は歯を食いしばって勉学に励み、忍耐力で頑張り、最高の名門校である旧制第一高等学校に入学した。朝鮮人だけでなく、日本人もなかなか入れない超難関校である。一族の誇りであり、在日朝鮮人としての誇りでもあった。一高を卒業し、東京帝国大学造船学科に進学した本物の秀才だった。熙秀は兄のような飛び抜けた秀才ではなかったが、こつこつと努力する努力家だった。朝鮮人としてのプライドを持ち、キリスト教の精神に基づいて、正義感は失わないように肝に銘じると共に、必ず成功して尊敬される人間になるために、他人より2倍も、3倍も努力する決心をしたのである。

働きながら夜間学校で学ぶ

熙秀は自分の進路について悩んだ末、両親とも相談し、実学教育が重要であると考え、技術を学ぶことを決心し、高知から上京して兄のところへ転がり込み、１９３８年に東京神田にあった電機学校に入学した。働きながら夜間の学校で学んだ。同校が１９３９年に東京電機高等工業学校を設立すると、東京電機高等工業学校に編入学した。戦時中ではあったが、いずれ戦争が終われば廃墟となった地に戦争後の建設ブームが起こるだろう。そうなれば電気の使用量は益々増加する。建設技術と共に電気技術も最も注目されると予想し、少なくとも電気技術を身に着けておけば、職は安定すると判断して電機工学を専攻した。

しかし、家庭の経済事情は必死に働いても食べて生きることで精いっぱいだった。終戦前後の日本での生活はこれが普通だった。二人の子どもを学校に通わせながらの父の暮らしは、一層厳しさを増していた。父は少しでもお金になることなら、手当たり次第に何でもやってみたが、状況は一向に改善しなかった。熙秀兄弟もただ安穏と勉強ばかりしたのではない。牛乳配達、新聞配達、そのほか、さまざまな外交員から雑用係まで、お金になるような仕事があれば何でもやって学費の足しにした。働きながら学ぶ苦学生だった。そのうえ、厳しい経済環境の下で励まし合いながら、父と共に一族の生活を支えていた叔父欑根が１９４０年に突然亡くなった。一族にとっては晴天の霹靂（へきれき）だった。

その頃、一族の経済を側面的に支えたのは叔父欑根だった。叔父は中央大学専門部法科を卒業して、東京簡易裁判所書記官として勤務していた。公務員として安定した職業であったので、一族の大黒柱として頼りにされていた。ところが、その叔父が肺炎を患い、40歳の若さで急死してしまったのである。一族の衝撃は尋常ではなかった。なかでも二人三脚で励まし合いながら一族を支えていた弟を失くした護根はいうまでもないが、故郷で思いがけない知らせを聞いた祖父母の悲しみは筆舌に尽くしがたいものだった。

叔父の突然の死で最も打撃を受けたのは働き盛りの家長を失った叔母趙必主(チョピルジュ)だった。叔母は女手一つで、しかも異国で2男3女の5人の子どもたちの世話をすることは無理と考えて子どもたちを連れて帰国し、慶尚南道咸安(ハマン)の実家に身を寄せた。一方、故郷に残っていた祖父母は、それまでいっしょに暮していた娘たちも嫁入りし、世話してくれる人がいなくなったことから、長男や孫たちがいるところで余生を過ごしたいと、故郷に残っていた子どもたちを連れて東京にやってきた。家族全員が一緒に暮らせるようになったのは嬉しいが、生活環境が良くなったわけではなかったので家計のやりくりはいっそう厳しさを増していた。

熙秀は祖父と再び生活をともにすることになり、祖父から儒学の教育を受ける機会が多くなった。また、民族心の強い祖父から国権回復についての意見もよく聞かされた。当時、日本に居住する朝鮮人たちは、日本政府の皇民化政策推進に協力させるための組織「協和会」への加入を働きかけられていた。当時熙秀の父護根は、在日朝鮮人たちの自立と自治を相対的に守る「更生会」の仕事をしていたことから、協和会への加入は控えていた。そのような雰囲気を察して、特高係刑事たちが自宅に出入りし、常に監視の目が光っていた。

熙秀は顔だちが日本人によく似ていたせいか、学校に通っているときも仲間外れにされたり、差別されたりすることはさほどなかった。日本人の学生たちも親しくしてくれた。でも、故郷の友だちのようにはいかなかった。

熙秀も働きながら学校に通っていた。お金がないと一時休学し、お金ができると、学費を納めて通学を継続するということを繰り返した。そのため、３年で終わるところを４年かけて東京電機高等工業学校を卒業した。進学し学業を継続したいという希望はあったが、家庭の事情を考えて、とりあえず、就職することにした。運よく、専攻を生かして電気会社に就職が決まった。その頃、鴨緑江(アムノクカン)に水力発電所が建設され、変電所に職員が必要だったことから朝鮮人の金熙秀が採用された。終戦まで約２年間、平壌(ピョンヤン)と鎮南浦(チンナムポ)（現在の南浦）で勤務していた。水豊(スプン)ダムと呼ばれる会社だった。

このダムは、１９３７年に日本と満州国の共同出資により、鴨緑江水力発電所として建設された。１９４３年11月に第１期工事が完了し、発電機が稼働し始めた。１９４５年８月、終戦により北朝鮮に引き渡されたが、朝鮮戦争の時、70％ほど破壊されたといわれている。１９５４年、ソ連の援助で回復したという。ダムの位置が北朝鮮と中国の国境にまたがっていることから、現在は北朝鮮と中国が共同管理し、生産された電力の半分は中国に送電されている。

当時、平安南道の鎮南浦には軍需工場が多くあり、熙秀は鎮南浦と平壌の間を往来しながら働いていた。学校で学んだ基礎理論と実習が大いに役立った。変電所で機械に触れながら実際に仕事をするなかで、知識や技術が日ごとに向上するのを感じていた。

待ち望んだ終戦と祖国の解放

平壌勤務を終え、日本に戻ってくると、待っていたのは家族だけではなかった。徴兵検査通知書が待っていた。徴兵検査を受け、合格と判定されれば、即時入営しなければならない。祖国朝鮮を守る軍隊ではなく、日本帝国主義を護持するための軍隊である。すでに太平洋戦争は極みに達し、日本の敗色は明らかになっていたにもかかわらず多くの若者が戦場へ駆り出されていた。朝鮮人青年も強制的に徴兵された。熙秀は無意味なことだと思いながらも個人の力ではどうすることもできなかった。

家族みなで悩んでいるときに、祖父が妙案を思いついた。祖父は漢学者として漢方薬の知識にも造詣(ぞうけい)が深かった。その知識を活かして身体検査で不合格の判定をさせる技を工夫した。祖父は身体検査の数日前、熙秀に下痢の薬を与えて飲ませたのである。

徴兵検査で下痢症状が認められ、すぐ入営することはない第二乙種の判定をもらった。

徴兵といっても勝ち目のない戦争を続けるためであったが、直ちに軍隊に連れていかれる等級ではなく、第一甲種の判定を受けた者が先に入営した後に入営する、いわば順番待ちと判定されたのだった。もちろん知恵と言ってもとりあえずの処置だった。先延ばしにすぎなかった。

1945年8月10日、その日に先延ばしになっていた入営の日が決まった。入営通知書には釜山鎮にある高射砲司令部に集合することとなっていた。家族たちは心配しながらその日を待っていた。熙秀本人は軍隊に入営する気はさらさらなかった。粘るだけ粘って捕まれば調査するうちに戦争が終わるだろうと考えた。それまでの時間稼ぎをしようという作戦だった。

そうこうしている間に、8月6日、広島に原爆が投下された。3日後の9日には長崎にも原爆が投下された。これが終戦の契機となった。

投下された爆弾が原爆であることは終戦後に知らされたが、当時は「新型爆弾」と報道された。日本の軍部は国民を欺き、そのうち「神風」が吹いて勝利すると宣伝していた。熙秀一家はそんなデマを信じていなかった。

運命の8月10日を迎えた。不安にとらわれながらも、熙秀はいつもの通り仕事に出かけた。1日が過ぎ、2日、3日が過ぎてもなんの連絡もなかった。そして5日が過ぎた。

8月15日の終戦の知らせを伝えてくれたのは、兄の熙星だった。「日本が戦争に敗れ、僕らは解放された」と叫んでいた。家族は抱き合って喜び合ったが、熙秀はこれが夢なのか現実なのか見分けがつかなかった。

祖国の解放は、このようにある日突然訪れた。これが少しでも遅かったら、熙秀はどうすることもできず、軍隊に引っ張られて連れて行かれるところだった。運が悪ければ犠牲になったかもしれない。軍隊にいかないで済んだことだけでも良かったと思うことにした。

広島や長崎に原爆が投下され、日本政府はこれ以上、戦争を続けることは不可能と判断し、8月14日、ポツダム宣言を受諾（日本の降伏）することになった。8月15日正午、昭和天皇はラジオで終戦の詔書を日本国民に発表した。これは玉音放送と呼ばれた。ついに戦争は終わった。

米国は1945年7月に世界最初の原子爆弾を完成させた。ポツダム会議の最中だった。完成から1か月も経たないうちに世界で唯一の核兵器を実践使用した。米国軍人の人命被害を避けるために、戦争を早期決着させようとして原子爆弾を使用したと説明した。しかし、1963年に東京地裁は、これらの原爆投下は国際法違反であると判決した。

原爆投下の結果、人類史上初の都市に対する核攻撃により当時の広島市の人口35万人（推定）のうち、9～16万6000人が被爆から4か月以内に死亡したとされている。原爆投下後の入市被爆者も含めると、56万人が被爆した。

しかも、広島や長崎だけでなく、日本全域に連合国軍による空襲が行われていた。空襲は１９４４年末ごろから本格化し、45年春ごろまで、日本全国の主要都市や工場などに対して大規模な無差別爆撃が実施された。その後も米軍による爆撃は続いた。グアム島から飛来したＢ－29が8月14日午後10時から15日午前3時まで日本石油秋田製油所に爆弾を投下した。近隣の民家も多大な被害を受けた。これが最後の空襲だった。

太平洋戦争中の空襲による死者は約33万人、負傷者は約43万人（『日本経済新聞』２０１１年8月10日）とみられている。戦争が終わってみると、日本列島が廃墟状態となっていた。

総力戦での戦争の敗戦は国家破綻を意味した。したがって、敗戦後の日本は、政治も経済も破綻状態となり、社会的な不安が深刻だった。終戦後しばらくはこのような混乱状態が続いていた。

終戦直後の苦難の克服

敗戦後の日本経済はまさに暗黒期だった。生産設備が起動せず、国土が荒廃して食糧不足は危機状態だった。また敗戦と共に海外に駐在していた軍人や軍属、海外移住民など数百万人が一斉に帰国したため、物不足だけでなく、仕事を探すのも大変な時代だった。当時の日本は米国からの援助によって生活が成り立っていた。

終戦時の日本在留中の朝鮮人は約２００万人だった。なかには祖国の解放によって新しい祖国の建設に参加したいという夢を持ち帰国を急ぐ人もいた。そもそも生活のために日本に出稼ぎに来ていた人たちは働く場所がなくなったことから故郷に帰る道しかなかった。また、徴兵や強制労働で連れられてきた人たちは自由の身になったことから帰国の道を選択した人が多い。しかし、朝鮮に帰還しようとする人たちが一斉に大阪や下関などの港に参集してきたことから、運搬船が頻繁にあるわけでもなく、運搬船に乗るまでの道程が大変だった。それでも、苦労を重ねてやっと帰還船に乗り、故郷に辿りついたものの、故郷の事情は日本よりもっと酷い状況であった、日本に再び戻る人が増加した。

金熙秀一家も祖国が解放されたので、鎮東面に帰るべきか、それとも日本に残るべきか迷った。家族会議が開かれた。熙秀の母は帰国することに頑固に反対した。「鎮東に帰っても田んぼも畑も持ってない。何を食って生活するのですか。子どもたちはもっと勉強しなければならない。祖父も祖母もここで一緒に住んでいるのだから、ここが故郷です。祖父母も家族もみんないるところが故郷です。今までここで苦労して生活の基盤を作ってきたのではありませんか。もう少しここで頑張るべきです。生きるための生活も重要であるけれど、子どもたちの将来を考えると教育の方がもっと重要です」。母の涙ながらの訴えに反対する人は一人もいなかった。母の意見は常識的で筋の通った意見だった。祖父母も母の意見に賛同した。このような混乱している時期に正常な判断ができた熙秀の母の見識は立派だった。金家にとっては家運を左右するともいえる岐路のときの貴重な判断だった。その間、裏方で家事を切り盛りしていた経験に基づく冷静な判断だった。

政治的に解放されただけで、経済的には相変わらず厳しく、社会的な混乱は日本も朝鮮も同じで、厳しい状況のなかでも日本の方が、子どもたちの教育や仕事の面で可能性が広がるという判断から日本残留を決めたのである。このときの日本残留の決定が金家の盛衰の岐路だったかも知れない。

祖父泰琪にとっては、念願だった祖国が解放され、生活は充分とはいえないまでもバラバラだった家族がいっしょに暮らせるようになり安心したのか、祖父の気力がみるみる衰弱し、1949年2月2日、83歳でこの世を去った。

祖父は煕秀にとって、特別な存在だった。煕秀の精神的な成長の半分は祖父によって形成されたものといっても過言ではない。父が側にいなかった幼少年時は祖父が父親代わりで、師匠だった。祖父から漢学を学び、人生について教えを受け、儒学の教育を受けた。なので、祖父の死は煕秀の人生において一つの柱が倒れたような痛ましいできごとだった。

故郷に帰ることをあきらめた煕秀は東京で定着する以上、何か新しい目標を定めて改めて挑戦しなければならなかった。上級学校に進学して学業も継続しなければならず、生活基盤を確固たるものにする必要があった。しかし、それは容易なことではない。煩悶（はんもん）する日々が続いた。

解放後の韓国ではもちろんのこと、敗戦国日本においても、若者たちにとって政治とイデオロギーが最大の関心事だった。彼らは政治とイデオロギーをめぐって激論をかわし、政党・党派に参加して活動した。祖国の運命と未来がすべて政治やイデオロギーを通じて決定されると信じ込んでいた。しかし、煕秀は異なる考えを持っていた。政治もイデオロギーも、食べる問題、すなわち経済の解決なしには単なるスローガンにすぎないと考えていた。豊かな国、独立した祖国を建設する道は、政治やイデオロギーにあるのではなく、経済的な能力如何にあると判断していたのである。

第3章　経済活動の開始

有楽町駅前で洋品店を開く

危機はチャンスなり！　混乱期ほど新しいビジネスを作り出すチャンスといえる。熙秀は東京都心の繁華街を歩きながら、急いで街を歩く人々の姿を見て、感じるものがあった。彼らの服装や履物、帽子などの日常商品である。どのような時代でも衣食住は必要であり、必要とする日常商品がある。時代の進展に伴ってこれらの商品は進化し、流行商品が現れる。熙秀は閃きがあった。「これだ」と道路の真ん中で膝を叩きながら一人で叫んだ。

１９４７年に金熙秀は東京都心の有楽町駅前に小さな店「金井(かない)洋品店」を開店した。洋品店を開店するに当たっての必要な資本金はその間、なりふり構わず働き、貯めたお金である。食べたいものもあり、着たい服もあり、やりたいことも沢山ある好奇心旺盛な青年期に使いたくても使わずにこつこつと貯めた貴重なお金である。そんな虎の子を全額投資して経験もない洋品店を開始しようとしたのは熙秀なりの成功への確信があったからだった。

金井洋品店

店の名前を「金井洋品店」とした。金井は金熙秀の通称であり、「金井」の意味は、文字通り「金（かね）のなる井戸（いど）」である。店の屋号としてはわれながら最高だと考えた。「必ずやお金の湧き出る井戸を掘って見せる」と意気込んだものだ。

セーターやブラウス、シャツ、ズボン、帽子、ストッキングなど、老若男女の誰にも必要なファッション用品を卸売りで仕入れて小売りで売る商売だった。従業員二人を雇って始めた。終戦直後の物不足の時代に繁華街の駅前の人通りの多い場所であったので、開店当初から飛ぶように売れた。大当たりだった。ビジネスは努力が必要であるが、それ以上に重要なのはアイデアである。

店はＪＲ有楽町駅中央口の真正面にあった。現在、有楽町駅前は再開発により高層ビルが林立し、当時の面影は見当たらない。狭い場所にわずかばかりの品を陳列して商売を始めたが、よく売れた。売り上げが順調に伸びていたので、店舗の規模を2倍に広げ、従業員も増やした。商売は繁盛した。

小さな店ではあったが、洋品店を経営しながら、熙秀は多くのことを学んだ。それは、信用の重要性だった。お客さん一人ひとりに対して親切かつ丁寧に接した。そして、良い品物を安く売るという商売方針に徹した。薄利多売である。安くても質は落とさないことが重要である。それが信頼を勝ち取る唯一の手段であった。嘘をつかない、ごまかさないという誠実さが信頼される秘訣だった。目先の利益追求ではなく、信頼を受け、リピーターを増やすことによって安定的な商売をめざした。取引先に対しても信用第一主義で約束は必ず守るようにした。そうするうちに、安心して品物を買える店として評判となり、その結果として店が繁盛し、売り上げが増加した。

これが金熙秀の経営哲学となった。熙秀が信用を重視するようになった根底には、日本社会において、韓国人・朝鮮人は信用が低く、悪いイメージが広がっていたことから、韓国人でもそうではない人もいるということを自ら模範を示したいという強い意志が働いた。

こうして金熙秀は、日本で事業家として成功するための基礎を築くことができた。

商売がうまくいったので生活費や学費の心配はしなくても済むようになった。ちょうどこの頃、親代わりで幼少時から面倒を見てもらってきた祖父が永眠した。悲しさと寂しさを乗り越え、洋品店の仕事に熱中していたが、中断していた学業を継続することにした。

１９４９年４月、東京電機工業専門学校に入学した。同校は１９４９年４月に４年制大学の東京電機大学に昇格した。学制の変更によって、熙秀は東京電機大学工学部電気工学科学生となった。

1907年、電機学校から始まった東京電機大学は、117年の歴史を重ねて、2024年現在、工学部、理工学部、未来科学部、システムデザイン工学部、工学部第二部（夜間部）の5学部と、5つの大学院研究科を持つ理工系の総合大学となった。「技術で社会に貢献する人材の育成」を使命とし、建学精神の「実学尊重」および教育・研究理念「技術は人なり」のもとで、学生主役の教育を展開している大学である。「実学尊重」とは、実際の社会でそれを活用でき、技術を通して社会貢献できる人材の育成をめざすことであった。

金熙秀は働きながら、東京電機大学で教育理念である「実学尊重」と「技術は人なり」を学んだ。学びながらビジネスを始めた熙秀の生活は三角形人生といわれた。毎日、自宅（世田谷区北沢）と洋品店（有楽町）と学校（神田）という三つの拠点を、フル稼働するような昼も夜も休む暇なしの生活が続いた。1日4時間以上の睡眠はとれなかったが、やりがいがあり、毎日が楽しい生活だったと振り返った。商売も順調に進展し、1953年3月に29歳でようやく東京電機大学を卒業した。

三角形人生でも学校を休むようなことはしなかった。同級生たちからの評価も高かった。同級生の一人林晋によれば、大学設立当時は暖房設備もない時代、古い校舎での受講だったが、教室ではいつも金熙秀は最前列の席に座って熱心にノートを取っていたといい、学生時代から、真面目で優秀な努力家だったと評価していた。それを裏づけるように卒業後、電気主任技術者免状交付申請手続のために通商産業省に一緒に行ったときのことである。修得科目証明書を提出した際、担当の審査官が多種の必修選択単位修得科目に感嘆していたことを覚えていた。

熙秀が1961年に金井企業株式会社を設立して、銀座で不動産賃貸業を始めたとき、建築物と設備関係の重要性を認識し、建築設備会社の設備を検討しているときに空調設備会社に勤務していた同級生林晋を国際環境設備株式会社の設立に参加させた。彼は後に同社の代表取締役を勤めた。熙秀が教育事業をはじめたとき、学校法人金井学園の監事を勤めるなど熙秀の側近として支えた。

金熙秀がビジネスを始めるにあたり、その拠点を有楽町駅前にしたのは優れたビジネス感覚による才能であるが、同時に先見の明があった。有楽町が日本全国に知られるようになったのは、フランク永井が歌った「有楽町で逢いましょう」（佐伯孝夫作詞・吉田正作曲）の歌謡曲だ。「有楽町で逢いましょう」は、1957年に開店した百貨店「有楽町そごう」（正式名称はそごう東京店）のコマーシャルソングとして同名のテレビの歌番組（日本テレビ、そごう百貨店提供）から始まり、連載小説、映画にまで広がり、日本全国に広がり、同時代の人なら知らない人がいないほどの有名な歌謡曲で、いまなお口ずさみたくなる唄だ。

「有楽町で逢いましょう」の歌詞を紹介しよう。

あなたを待てば　雨が降る
濡れて来ぬかと　気にかかる
ああ　ビルのほとりのティー・ルーム
雨もいとしや　唄ってる
甘いブルース
あなたとわたしの合言葉

「有楽町で逢いましょう」

こころにしみる　雨の唄
駅のホームも　濡れたろう
ああ　小窓にけむる　デパートよ
きょうの映画(シネマ)は　ロードショー
かわすささやき
あなたとわたしの合言葉
「有楽町で逢いましょう」

かなしい宵は　悲しよに
燃えるやさしい　街あかり
ああ命をかけた　恋の花
咲いておくれよ　いつまでも
いついつまでも
あなたとわたしの合言葉
「有楽町で逢いましょう」

朝鮮戦争特需と日本経済の復興

1950年6月25日、朝鮮民族にとっては不幸な戦争が勃発した。突然北朝鮮軍が南下し攻撃をはじめたことによって開始された。戦争開始3日目には首都ソウルを開け渡すほどの緊急状態に追い込まれていた韓国政府は釜山に臨時首都を移した。勢いに乗っていた北朝鮮軍は釜山を中心とする慶尚南北道の一部地域を除いて、朝鮮半島のほとんど全土を掌握し、彼らの占領地域においては、人民委員会を設置し、土地改革を実施した。

しかし、北朝鮮の予測に反し、米国が韓国支援を決定し、国連安全保障理事会の決議に従って、米極東軍司令官ダグラス・マッカーサー元帥が国連軍最高司令官に任命された。韓国支援のための朝鮮戦争に参戦した国は米国をはじめ16か国に上った。

マッカーサー率いる国連軍は、同年9月15日、北朝鮮軍の補給線を分断する仁川上陸作戦に成功し、その勢いでソウルへの進撃を開始した。ソウル防衛に全力を尽くしていた北朝鮮軍との間で激しい攻防戦が繰り広げられた。国連軍と韓国軍は9月28日にソウル奪還に成功した。こうして首都ソウルは3か月ぶりに韓国軍の支配下に戻った。

ソウルから撤退を余儀なくされた北朝鮮軍は国連軍を相手にして戦うには戦力の劣勢を知り、ソ連と中国に援軍を要請した。

世界の関心は国連軍が38度線を越すかどうかだった。38度線を越えれば、ソ連と中国が介入し、第

3次世界大戦に発展する可能性があったからである。中国はインドなどを通じて、国連軍が38度線を越えれば、中国への挑戦とみなすと警告していた。10月1日、韓国軍が38度線を越え、その翌日、国連軍は進撃命令を出した。すると、彭徳懐総司令官率いる中国義勇軍は10月18日に鴨緑江を渡り、同月25日、戦闘に参加した。結局、内戦から始まった朝鮮戦争は中国の参戦によって新たな展開の国際戦争となった。

首都平壌を占領し、鴨緑江まで攻め込んでいた韓国軍と国連軍は予想以上の中国軍大部隊の参戦に対抗できず、撤退せざるをえなかった。12月5日、平壌から撤退を余儀なくされた。北朝鮮軍は1か月半ぶりに首都平壌を回復した。韓国軍と国連軍の撤退とともに大量の避難民が北朝鮮を離れ、南に向かった。当時「北」からの避難民の数は20万人を越えると見られている。

中国軍は12月26日、38度線を越えて南に進撃を続けた。12月末まで38度線以北の北朝鮮全域を占領した。1951年1月4日にはソウルが中国軍および北朝鮮軍によって再び占領された。しかし、中国軍は攻撃を一時停止し、長期戦に備えていた。人海戦術で一見勝利したように見えたが、多大な兵力の損失、補給線の延長によって、物資調達が厳しくなったことも背景にあった。国連軍も兵力に甚大な被害を受け、戦線を放棄せざるをえなかった。度重なる激戦によって両陣営にとって被害が大きくなった。このような状況が休戦協定への道筋を開いた。

結局、米国と中国の利害関係が折り合うかたちで1953年7月に休戦協定を結ぶことになった。3年間にわたる戦争によって国土は廃墟と化した。結局、戦争を仕掛けた方も、戦争を事前に防止できなかった方も戦争に対する責任は誰も負うことなく、国土統一という名分もむしろ遠くなるような分裂の固定化という結果になった。

しかし、朝鮮戦争の勃発によって利益を得た国があるとすれば、それは日本であろう。太平洋戦争での敗戦後、最悪の状況が続いた日本経済が朝鮮戦争特需で息を吹き返し、戦後復興の契機をつくった。日本の経済界は「干天の慈雨」として歓迎した。朝鮮戦争の特需景気が不況を吹き飛ばした。朝鮮戦争特需とは、朝鮮戦線に出動する国連軍（主力は米軍）の将兵に補給するための物資や役務の支払いである。米第8軍司令部や在日米軍調達部から発注された。

1950年7月から始まった朝鮮戦争特需は58年12月までの8年6か月の間に物資12億7899万ドル、サービス9億7166万ドルの合計22億5065万ドルに達した。これは契約ベースに計算したもので、収入ベースに計算すると、同期間中に51億5318万ドルとなる（『特需に関する統計』昭和33年、経済企画庁調査局統計課）。

これは広義の特需といえる。この特需収入が当時の外貨不足の日本経済に多大な貢献を果たした。当時のレート1ドル＝360円で換算すると、1兆8551億円となる。1958年の一般会計決算の歳出総額1兆3121億円を超える特別収入だった。この金額は1950年度の国民所得3兆3815億円と比較すると、特需が日本経済発展にいかに大きな貢献をしたかが分かる。

朝鮮戦争以前には太平洋戦争の傷跡がひどく、貧しい経済状況で職を求める人が列を作っていた。朝鮮戦争の勃発によって警察予備隊が創設されると、7万5000人募集のところ、38万2000人の応募があった。また、当時の工場は戦争の被害が残っていて、迫撃砲の弾を作り、飛行機のオーバーホールをやっていたが、技術の水準が低く、効率の悪い作業をしている有様だった。しかし、朝鮮戦争の影響で、失業は減り、生産が増え、生活水準や企業収益は急増した。戦争特需の経済効果は関連産業だけでなく、全産業に波及し、広く国民生活全体に行き渡った。その後の日本経済の高度成長の起爆剤となった。

なかでも、自動車産業、繊維産業、鉄鋼業などが最も恩恵を受けた産業だった。倒産寸前のトヨタ自動車が戦争特需で生き残った。石田退三トヨタ自動車社長が「米軍からの特需という神風に恵まれ、倒産寸前のトヨタは、大きく息を吹き返した」（『創造限りなく：トヨタ自動車社50年史』トヨタ自動車株式会社編）と述べている。

当時、世間では「糸へん景気」、「金ヘン景気」という言葉が流行していた。特に、繊維と金属業界が特需と輸出によって大いに潤ったということから現われた言葉だった。朝鮮戦争特需による「糸へん」・「金ヘン」景気は沈滞していた日本経済に久方ぶりに生気を吹き込んだものだった。「糸へん景気」は軍の衣料品、毛布、麻袋などに必要な繊維需要についての表現である。

1950年4月1日に旧日本製鉄の後継会社として発足したばかりの鉄鋼大手の八幡製鉄は朝鮮戦争特需によって好調なスタートを切った。日本製鉄（日鉄）は財閥解体の対象となり、過度経済力集中排除法の適用を受けて解体された官営製鉄だった。

1950年下期から51年下期までの配当率が3割を維持していた。創業初年度の売上高は363億円だったが、10年後の1959年度には1695億円と4.7倍上昇した。それを基盤に引き続き成長し、20年後の1969年度には6316億円にと17・4倍の急成長を成し遂げた。八幡製鉄創業時の日本の鉄鋼業界はドッジ・ラインによる金融引き締め政策と鋼材価格差補給金の撤廃、銑鉄価格差補給金の半減を目前にして、民間企業としての自立は極めて困難な状況だった。ところが、1950年6月に勃発した朝鮮戦争が急激な鉄鋼需要の増加と価格の急騰を招き、それが売上高の上昇に貢献した。八幡製鉄は民間会社として世界的な企業を目指して発展する基盤を確立することができた。現在は後身企業の一つである日本製鉄の九州製鉄所八幡地区の一部となっている。

戦争が始まる前の1949年度の国民総生産は3兆3752億円だったが、53年度には7兆1562億円に上昇した。また、同期間の国民所得は2兆7373億円から5兆9649億円へと2倍以上の上昇となった。戦争特需の波及効果は国民生活全般に広く行き渡った。『経済白書』（1953年版）は朝鮮戦争特需の存在を評価し、特需は援助物資をただでもらうことよりも、もっと大きな役割を日本経済に与えたと次のように分析した。

経済の動向を左右するものが、単なる「供給」よりも「需要」なのであるから、特需によって輸出と同じようにわが国の物資サービスに対する購買力が生まれ、それによって雇用が維持されていることは特需が日本経済にとって援助以上の効果を有しているということなのである。特需は直接二十数万の雇用を維持し、間接的な分まで考えにいれれば数十万の人々に職を与え、相当な所得を提供することになる。すなわち特需は輸出と同じように国民所得を上昇させる働きをもっているのである。単なる援助収入では、物資の供給こそ確保されるにせよ、国民所得を増大させる力を持っていない。この国民取得を増大させる力と、その購買力に見合う輸入物資の供給という一貫した過程に特需の意味がある。

遠洋漁業に賭ける

熙秀が東京電機大学を卒業した頃、兄の熙星は東京大学造船学科を卒業し、新しい事業を構想していた。ちょうどその頃は、朝鮮戦争特需で日本経済も復興し成長を続けていた。産業活動も活発になってきた。頭のいい兄と力を合わせれば、新しい道が開かれるだろうと考えた。

日本は全土が海に囲まれた島国だ。日本の海岸線の総距離は、広い国土のカナダに匹敵する。したがって、水産業は重要な産業である。その上に、戦後経済が好転し国民所得が上昇しているので、日本人の趣向にあう水産物の需要が増大することが予想される。

多くの戦争を経験した日本海軍は敵の潜水艦や艦艇、魚雷などを探知する技術を蓄積していた。しかし敗戦後、これらの技術はＧＨＱ（連合国軍最高司令部）の命令で研究が中断され、無用の長物と化していた。そして巨大な軍需産業は他の産業分野に転換されていた。熙星が注目したのはこの分野だった。水産業と先端軍事技術の結合である。

当時の遠洋漁船の捕獲法は近代的とはいえなかった。漁夫たちの経験と在来式道具に頼っていた。熙星の構想は、海軍の技術を応用し、海中の魚類の分布を探知する最新式魚群探知機の発明だった。

「魚群探知機を発明して売り出す会社を作りたいのだ。どうだろう？」

「熙秀、おれに投資しないか？」

熙秀も全面的に賛成し、兄弟が意気投合して会社を設立することとなった。

1953年4月、双葉魚探機株式会社を設立して煕星が社長になり、煕秀は専務取締役に就いた。企業活動の始まりだ。煕星が考案した魚群音波探知機の性能は抜群だった。当時、日本無線株式会社からも魚群探知機が生産されていたが、双葉魚探機株式会社の製品は決して劣っていなかった。日本の製品はもちろんのこと、外国の製品と比べてみても全くそん色はなかった。魚群探知機の製作と販売が本格的になった。日本の遠洋漁業の発展は速く、魚群探知機の需要も爆発的に伸びていた。

ところが、奇妙なことが起きた。毎日注文が殺到しているのに、会社はお金が不足し戦々恐々だった。製作費と人件費はその都度支払わないといけないのに、製品販売の代金は契約通りに入ってこなかった。お金を受け取ってから製品を渡すのではなく、注文を受け、魚群探知機を送り、受け取ってから送金させる方法を取っていた。このやり方が問題だった。

顧客は、魚群探知機を注文して船に取り付け、そのまま遠洋漁業に出かければ、漁船はいつ帰ってくるか分からない。数か月、または数年間、帰ってこないこともある。その間、代金を受け取ることができない。帰って来てもすぐ払うわけでもない。

煕秀は集金のために、日本全国を走り回ったが、集金は思う通りにはできなかった。発明よりもっと難しいのが集金であり、ビジネスのシステムであると痛感した。

煕秀はどうすることもできないと判断し、魚群探知機会社は兄の煕星に任せて、自分は同社を辞めた。金井洋品店はすでに明治大学法学部を卒業した弟煕重に譲っていた。

煕星は同社を一人で引き受け、「双葉通商」と社名変更して経営を継続した。魚群探知機は順調に販売された。特に、韓国では遠洋漁業が始まったばかりなので、技術的に遅れていた。同社が開発した魚群探知機が1958年の大韓民国政府樹立10周年記念博覧会において展示され、最先端機器として好評を博した。博覧会場には李承晩（リスンマン）大統領が参席し、最先端の魚群探知機を開発した金熙星を激励し、一緒に記念写真を撮った。これをきっかけに熙星は大韓造船公社の技術顧問を務めながら、韓国海洋大学で講義を担当し、また現代重工業に勤務するなど、韓国水産業の発展に貢献した。

二度の失敗から学んだこと

1955年に熙秀は兄の友人である朴鳳烈（パクボンヨル）（京都大学物理学科を卒業して、ソウル大学教授となる）の紹介で在日2世の李在林（イジェリム）と出会い、2年間交際した後、二人は結ばれた。李在林は京都生まれで、滋賀県立女子高等学校を卒業した才媛である。彼女は4人兄弟の末娘で、熙秀より6歳下だった。

熙秀は新婚生活しながら兄の下で経営などの経験を積んでから、戦後の復旧事業に備えて三沢製鋼株式会社を設立した。大学で技術を学んだだけで、実際の経験もないのに、戦後復旧に必要になるという時代感覚だけで、独力で手に入れた東京都江戸川区の田んぼ600坪ほどを埋め立て、伸鉄用のロールミルを設計してあっという間に工場設備を完成させ、短期間で稼働させた。とにかく売れる鉄材を作り出したのである。しかし、借り受け資金を返済するのに精一杯で、とても収益を出すまでには至らなかった。熙秀はこのときのことを述懐して、血を吐く思いで、がむしゃらに働いたと親しい友人に告白した。

時を同じくして、大蔵省から第三国人（すなわち朝鮮人・韓国人）には銀行融資ができないという法令が発布された。このような状況のもとでの資金繰りを考えると、この業種は在日韓国人である自分にはふさわしくないという判断で、三沢製鋼を売却することにした。しかし、これはただの失敗ではなかった。この経験は彼を企業家、実業家として後日成功に導く基礎作りに大いに役立った。

二度も事業に失敗した熙秀は、意気消沈した。兄といっしょに始めた双葉魚探機株式会社は円滑な集金の問題があり、三沢製鋼株式会社は銀行融資による資金確保の問題があった。つまり、お金のこと、資金繰りの問題である。

熙秀はこのような経験を通して大きな教訓を得た。お金の流通がスムーズに流れる事業が良いと考えるようになった。殊に、韓国人として日本の企業を相手にするには2重、3重の制限を受けなければならない。故に、資金の流れに支障のない業種を選択する必要がある。銀行から融資を受ける時、日本人の場合は一人の保証人で済む。しかし、韓国人の場合は数人の保証人が必要である。その上に、担保の提供が必要である。在日韓国人がこのように不利な条件のもとでビジネスをすることは容易ではない。日本人の2倍3倍の努力が必要である。

ある時、三好正二という大学同級生から勤務先の会社が資金繰りに行き詰まり、熙秀に融資の依頼があった。熙秀は兄熙星と一緒に調査のためにその会社を訪問した。東京大学出身の俊才の熙星は会社の役員一同の前で、この程度の金額であれば弟にとっては何の問題もないと思うが、一時的な立て直しで、再び危機が来る可能性があるので、無駄なことであるという理詰めの見解を述べた。役員一同、途方にくれていた。ところが翌日、金熙秀から思いもかけない電話がその同級生にかかってきた。「あなたを信じ、あなたのために融資しましょう」。兄の意に反してちょっと気がかりだが、とにかく頑張れという言葉にほっとして涙したという話だった。熙秀の温情主義の一面を見せた。その友人にとっては終生忘れることのできないことだった。会社はその後立派な業績を上げて事業を続けていたというのであった。金熙秀はただのけちん坊ではないことをみせたのだ。必要なところには金額を問わず使う人である。つまり使い方の問題であるとみるべきであろう。

金熙秀は友人の三好正二だけでなく、支援を受けた会社にとってもかけ替えのない恩人であり、尊敬すべき韓国人実業家であった。異常なまでに韓国人としてのプライドを持ち続けているような金熙秀の友人であることに三好は誇りを感じていた。むしろ、祖国のために頑張ろうとする金熙秀を見て、日本人として祖国とは何かを考えさせられた。三好は、金熙秀の口から、日本、日本人に対する悪口を一度も聞いたことはなかったとし、「まだまだ韓国は日本に学ぶべきことはあるよ」という熙秀の言葉にも謙譲の美徳を感じていた。

金熙秀は母校東京電機大学の卒業生による大学の研究支援のための組織である東京電機大学研究振興会に多額の寄付をした。そして同会理事を務めた。

第4章　不動産賃貸業で成功

東京銀座で貸ビル業開始

三沢製鋼は資金難ではあったが、その間に工場敷地の地価が急騰していた。売却代金1億円のうち、6000万円で負債を清算して、4000万円ほどが残った。その時、熙秀は不動産の価値に関して新たに目が覚めた。戦後の高度成長期に産業化と都市化が急速に進むなか、土地と建物の値段はうなぎ登りだった。不動産事業こそ、もっとも安定的で現金の流れが良い事業であると判断した。

不動産賃貸業のもっとも重要な条件は土地の立地条件である。建物の場所によって賃貸業の成功は決まるといっても過言ではない。熙秀は東京の繁華街と言われる都心の方々を歩き廻りながら、流動人口、交通条件、生活環境などを詳細に調べた。自分の目で直接見て確認したものよりまさる情報はない。

何度も足を運んで調査した結果、最初のビル建設の場所を東京一の繁華街である銀座に決めた。銀座は東京で一番の繁華街である。それだけに地価も高い。ここで一勝負しようと決心した。

旧銀座第一金井ビル
（古い看板は現在も残っている）

１９６１年4月、賃貸ビル業金井企業株式会社を設立し、代表取締役に就任した。そして手持資金４０００万円で、銀座7丁目にある土地を買った。しかし、土地は手に入れたものの、建物を建てる余力はなかった。お金の工面のために、銀行を訪れ、融資を要請すると、金熙秀が韓国人だと知るや、頭から相手にしてくれなかった。大手銀行だけでなく、中小の地銀も同じ扱いだ。韓国人が日本で生活していくことがこんなに大変なのかと改めて感じたのである。

「私は韓国人です。お約束は必ず守ります。信用してください。一度でいいですから融資して下されば、そのご恩は一生忘れません。どうかこの私を信じてください」と最初から韓国人だと名乗り、誠意をもって返済すると約束した。

幸いなことに金熙秀を信用してお金を貸してくれる人が現われた。それまでの信用が実ったものだった。このような苦労のすえ、最初のビルを銀座7丁目に建築した。１９６２年4月、第1号ビルが完成した。第1金井ビルと名付けた。初心を忘れることなく、「金井」の屋号にこだわった。その後、新しくビルを建てる度に第2金井ビル、第3金井ビルと建物に名を付けた。

第1金井ビルは地下1階、地上5階の建物。当時としては結構お洒落な建物だった。金煕秀が自信をもって建てた建物である。しかし現実はそんなに甘くなかった。ビルを建て賃貸を始めても、時どき話を伺いたいというお客はあっても、賃貸契約までは進まなかった。しばらくの間、借り手のつかない空室だらけのビルを眺めながら辛い日々を過ごした。そういう環境においても煕秀は、社是というべき「節約・質実・合理・信用」の経営理念を貫いた。確実な入居者を確保し信用を得るには、誠心誠意、ビル管理をすることだった。

「建物は機械と同じ。常に手入れしないと必ず故障するものだ。したがって、毎日のように建物を点検する」

インタビューで述べた言葉である。

誠意はいつか通じるものだ。入居者が入り、使用者が増えるにつれて金井ビルの良い評判が出回り始めた。入居者が増えてきて満室となった。その良さが知られるまでは時間がかかったが、金井ビルは一度入居すると、出て行く者がいなかった。金井ビルは常に満室だった。

1964年9月、渋谷に第2金井ビルができた。銀座での評判が伝わり、賃貸を開始すると、すぐ事務所や店舗の契約が満了した。

金煕秀に大きな資本はなかったが、第1号ビルの賃貸保証金や家賃収入などを集めて、土地を買い、ビルを新築し、その建物を担保に銀行からさらに融資を受け、新しいビルを建てる方式で、資金繰りがうまく回り、新築ビルが次々と増加した。

最高のビル会社をめざす

1966年にビルの環境管理および警備業務を担当する金城管財株式会社を設立。1967年に空気調節と電気、給水、排水、衛生設備の設計および施工を担当する国際環境設備株式会社を設立。1978年には建築と設計を担当する国際建築設計株式会社を設立した。こうして金井企業は、ビルの建築、設計、賃貸、管理業務を網羅する企業グループに成長した。

高度成長を続けていた日本経済は1970年代に2度にわたるオイルショックによる経済危機に直面した。このような経済危機においても健全経営で乗り切った金井企業はむしろ事業を拡張し、系列会社も増やした。

1981年に建築物の修理とインテリアを担当する国際建築営繕株式会社を設立し、広告企画、不動産に対する調査と計画、火災保険の代行会社の金城産業企画株式会社を設立した。このように、5つの系列会社を持つ金井グループを築き上げた。

金熙秀は総合ビル経営の金井企業株式会社社長と、系列5社代表取締役を兼務した。

「土一升、金一升」といわれる東京銀座を中心に、23棟のビルを所有し、約600軒のテナントの家主となる。所有ビルの敷地面積は約2300坪。建物の延面積は約1万坪となる。これを広げて換算すると、後楽園球場の3倍以上となる計算だ。金熙秀一代で築き上げた不動産業の実績である。

ルポライターの小板橋二郎は、『コリアン商法の奇跡：日本のなかのパワー・ビジネス』（こう書房、

1985年）のなかで5人の在日韓国人実業家のサクセス・ストーリーを紹介し、そのなかで、「銀座を中心に23棟のビルを建てた男」と題して、金熙秀について書いている。金熙秀は著者とのインタビューでこう述べた。

「不動産業者としての私にとっての最大の転機となったのは、1970年につくった五番目のビルでした。あのビルを建てたことがその後の私の信用をそれまでに数倍するものにしてくれたと思っています」

小板橋二郎によれば、場所は東京銀座の一等地。電通通りに面したビルだ。そこにはすでに地主がいた。借地権者や建物の持主もいた。それぞれの部屋の居住者や利用者がいた。見ての通り、権利は錯綜していた。

そこに新しいビルを建てるためには、まずテナントの借主に転居してもらわなければならない。借地権者にも立ち退いてもらう必要がある。いずれにしても、盛業中であることを前提としてそれぞれの権利者に補償をしなくてはならない。最終的には地主から土地を買いとるか借り受けなければならない。非常に複雑な物件である。当時の地価は生き物のように流動していた。

当初の計画では土地面積が35坪ほどだった。テナントのなかには日本人も中国人もいて、権利が錯綜している。しかも、これだけの土地では新しいビルを建てるには狭すぎて効率が悪い。そこで、隣のビルに目を付け、同時進行で買収交渉を始めた。

ビル建築資金は銀行からの借入金で賄うことになっていた。銀行の出資承認のためには、まず地主や借地権者やテナントの同意が必要である。

ビルが完成するまで、4、5年はかかるだろうというのが銀行筋の観測だった。だが、金煕秀はこのビルを1年間で建てた。しかも補償金は最初に半金、あとの半金はビルができてから払えばいいという条件だった。

当時の銀座の土地の値段は坪単価で約350万円。その後の地価の変動からすればいかにも安い地価であるが、それでも当時としては大変な価格である。

地主や借地権者をどうくどいたかという質問に対し、金煕秀はこう答えた。

「こんなときに格別のノウハウがあるわけではありません。ただ、誠心誠意くどいただけです。私は銀座の町の発展を最大のテーマとして説得しました。銀座は日本の中心の町です。その銀座が発展することは日本が発展するということにもつながる。銀座が老廃するのを手をこまねいていれば、必ず他の町に東京の中心街としての地位を奪われてしまいます。町の美観のためにも、どうしても建物の新陳代謝が必要ですと。まあ、いうなれば当時の私が若かったからあんなに足を運んで何度も何度も熱っぽい説得ができたのかもしれません。補償の面でも、ビルの機能の点でも、できるだけ最大限までそれぞれの相手の希望を調和させるように努力しました」

地主の一人は、当時金煕秀が振りだした額面3000万円の手形を信用して納めてくれたという。ここまでするには、何よりも自分の人間性を相手に信用させなければならない。このときの地主のなかには中国人、日本の高級官僚、大学教授がいた。特に、この3人に対して、金煕秀は「私の事業の最大の恩人でした」と、その恩は忘れていませんと真面目に言っていた。

でき上ったビルは、敷地70坪、地上9階、地下1階。当時の金額で3億円をかけたという。19

旧銀座金井第５ビル（中央の高いビルが現在の姿）

８５年当時、50億円ほどの価値があるといわれた。銀座の外堀通りに面し、電通銀座ビルの向かい側、ヒューリック銀座７丁目ビルの隣にある。後にブランエスパ銀座ビルと名称変更された。２０１０年に竣工した新しいビルは、地下２階、地上13階建ての透明感のあるガラス張りのカーテンウォールの外観で聳え立つ賃貸ビルである。現在はクリニックなど15のテナントが入っている。当初は金熙秀の自慢の建物だった。

「あのビルを建ててはじめて、私にはビル建設のノウハウがあるという信用を培うことができるようになりました」

金熙秀は、「うちにかなうビルはないと思っています」と豪語していた。そう豪語するのはそれだけの理由があった。

「うち以上のビル会社はない」

金熙秀は「うち以上のビル会社はない」という自負を持っていた。

ビル会社というものは、単にハードウエアとしてのビルを建築して、それを人に貸して賃料をとるだけでも経営はなり立つ。そういう会社もなくはない。ただし、この方式ではビル会社として事業を継続していくことは難しい。

テナント入居者の立場で考えれば、ビル会社から借りているビルの一室は単なるハードウエアではない。そのロケーションがどんな商売に適しているかが重要である。周辺が住宅街なのか、オフィス街なのか、繁華街なのか。駅から近いのか、車の利用に便利なのか。また、そのビルにふさわしい商売があるか、その商売に適したビルなのかどうかなどが大きな問題である。

銀座のなかにも、クラブビルがふさわしいロケーションもあればオフィスビルに適している場所もある。そうだとすると、ビル建築のときに、はじめからそのロケーションにふさわしい商売にかなった施設や設備にする必要がある。オフィスビルにするのか、クラブビルにするのか、飲食店用のビルにするのかによって、ビル内部の水道や電気・ガスの配管、あるいは部屋の間取りの設計までが違ってくるものである。

その意味では、ビル会社の取り扱う商品は、ビルの部屋というハードウエアだけではなく、ビルの立地条件や周辺のマーケットリサーチまで含んだソフトウエアを備えなくてはならない。

すなわち、ビル業者には入居者へのきめの細かいサービスが必要である。それをおろそかにすると、ビル業者として成功するのは困難であるという考えである。

金熙秀が、「うちにかなうビル業者はいない」と豪語したのは、金井ビルのソフトウエアとしての性格が立地条件の選択、設計、建築、メンテナンスに至るまで一貫しているという自信からである。

1970年までに金熙秀は銀座界隈に5棟のビルを建てた。当初は、ビルにテナントが入って商売を始めてからも、深夜に作業着でゴム靴を履いた金熙秀の姿がよく見られた。

「おい、そこの配電盤をもう一度チェックしてみろ」

「煙探知機に異常がないか、もう一度、念のためにテストしてくれ」

テナントからの急報で、何かことがあるたびに従業員まかせではなく、金熙秀本人が現場に駆けつけて原因究明に当たっていた。徹底的な現場主義だった。

一般的にビル会社は、テナントが入ったあとのビル管理は下請の管理会社にまかせている。その管理会社はメンテナンスや修理などをまたその下請の専門業者に業務委託している場合が多い。そうすると、常勤の専門職員がいないため、緊急事態が発生した場合にすぐ対応できない難点がある。マンションなどで、突然火災警報器がなっても管理人がウロウロするだけで、専門業者が駆け付けるまで、1時間以上かかることはよくある話である。

金熙秀はここに目をつけて、ビル会社として、徹底的にソフトウエア商品を取り扱うことにした。そのために、立地条件を調査するためのマーケットリサーチ、マーケット条件に見合ったビルをつくるための目的別設計、設計を具体化する建築、建築されたビルを完全にするためのメンテナンス、さらにテナントを斡旋するための不動産紹介、設備の故障を敏速に修繕する営繕部門の6つの関連会社をつくり、チームワーク・システムにした。

金熙秀自身が代表取締役を勤めている四つの会社がそれぞれ役割を分担している。こうした一貫したサービスは小回りの利く規模の会社であればこそ可能である。

金井企業が発足してから、最初のビルができた1961年から86年まで25年間で23棟のビルを竣工した。その間の成長率は、年平均20~30%の勢いだった。

確実な成長の秘密は何かという質問に、金熙秀はこう答えた。

「企業は冷酷で非情なものだといわれていて、確かにそういう面がなくはないが、しかし、その反面で所詮は人間のなすわざなのだから、常識の域をこえるものではないし、こせるものでもないですよ。結局、人間は、自分の任務を誠心誠意果たすことが成し遂げる道だと思いますね。いろいろ困難にも出会ったし、とくに人間関係では苦渋をなめ苦慮もしてきましたが、私は平凡に柔軟に争いを避けてやってきただけです」

「顧客中心主義」と「信用第一主義」

金熙秀は、土地を買入れ、建物を新築する時、事前調査と細密な計画のもとで行なった。将来性のある場所を選定し、安全で住みよい建物を建てることが基本方針だった。決して資金に余裕があったわけではなかったが、熙秀は目先の利益の追求ではなく、将来を見通した事業経営を試みた。顧客に使用してみて喜ばれる建物を建てることがビジネスの方針だった。信用第一主義の経営哲学だった。そして一度買入れた不動産は絶対に売らず、不動産賃貸業は産業社会の中での主要な事業であるという理念の下で、誠実な管理と賃貸人に対する信用を担保に会社を発展させる方針を貫いた。

賃貸ビル建設は徐々に増加した。1号ビルから4号ビルまでは、銀行からの融資を受けられなかった。しかし、その間の信用が蓄積され、8号目になると、日本の銀行は競って韓国人企業家金熙秀に融資を持ち掛けた。人間的に信用されるようになり、彼に投資しても確実に返済でき、利益が得られると判断したからであろう。不動産賃貸事業は順調に進展し、東京銀座周辺に金井ビルが増え続けた。

ビル管理も徹底して行なった。非常事態に備えて、あらかじめビル管理部門に電気、上下水道、冷暖房、電話、その他の補修工事などに必要な技術要員を採用し確保していた。ビルの数が増加するにつれ、技術者も増えたことから、建物の管理に当たる関連会社を別途設立することとした。これは熙秀が電気技術を学んだ理工系の技術者出身であったから、このような発想が可能であったのだろう。所有する建物において、何らかの事故が発生した時に素早い対応ができたので、これが顧客からの評価につながったものと考えられる。

このような徹底したサービスと管理によって、第一金井ビルは築60年以上経過しても、故障や事故がないしっかりした建物として高く評価された。建物は現在も健在である。「旧銀座第一金井ビル」の表札だけが寂しくかかっている。ビルの入居店を知らせる看板には「金井ビル」とそのまま残っている。

金熙秀の経営哲学は「節約・質実・合理性・信用」であった。建物を効率的に管理するためには小さいものでも節約することであり、入居者が便利に使用するためには外見よりも内実を優先に考える。このためには減らすべきところは減らし、投資すべきところは投資して会社を合理的に運営しなければならない。したがって、入居者だけでなく、職員がみても信用できる建物、信用される会社になることが重要であった。

金熙秀が仕事を通じて多くの日本の企業家、金融関係者、公務員、さらには顧客たちと接触して感じたことは、彼らは困った人を見ると、見ぬふりをせず、進んで助けようとすることである。これは先進国の国民の身に染みている道徳心であろう。日本人は、「適当に」とか、「大まかに」というものがない。何ごとでも、正確であり、筋が通って理路整然としており、常識と道理に合わねばならない。事業に携わる者、特に、金融機関に勤務する人たちは正直と信用は命のようなものである。もちろんすべての日本人がそういう人ばかりではないが、概ねそうだといえる。

銀座など都心にビル23棟所有

1961年に金井企業株式会社を設立し、東京銀座7丁目に貸ビル第1号の建設をはじめて以来、25年間で銀座を中心に新橋、浅草、渋谷、新宿などの主要都心に23棟のビルを建てた。すべて都心の一等地である。銀座5丁目から8丁目の周辺に7棟の賃貸ビルを建設した。銀座のビル財閥といわれるようになった。

1986年に金井企業は創立25周年を迎えた。その時、同社所有ビルが23棟に達した。事業拡大の過程では、韓国人であるため企業活動の制約や差別、不当な待遇などもあった。不屈の精神でそれらを乗り越え、信用と努力で勝ち取って築き上げた資産である。

ある日、銀座の銀行支店長と名乗る人から電話がかかってきた。電話口に出ると、「資金が必要であれば、いつでも貸出します。利子も安くします」という売り込みだった。金熙秀は「有難うございます。現在のところは、融資の必要はありませんが、他のビルを建てる時、ご相談にあがります」と応えた。

不動産賃貸業を開始した時、資金不足のため、何度も銀行に足を運んでも融資してもらえなかった銀行であったが、金熙秀の事業が成功し信用されているという噂が流れると、先方から融資してもらいたいと電話がかかってきた。状況の変化を実感した。

土地を購入し建物を建てる過程で、熙秀は三つの原則を持っていた。

第1に、土地を買い入れるが、売ることはしない。土地の値段が上がるのを待って金儲けするようなことはしない。

第2に、建物は土地の用途と目的に合わせて建築するので、既存の建物を買うことはしない。

第3に、建物を建てる土地の場所は小さくても最高の要地にする。

この原則は終始一貫守っていた。これが金熙秀の不動産事業成功の秘訣であった。彼の不動産事業の急成長は単なる運だけではなかった。決然たる意地と果敢な推進力がその源だった。

新しいビルを建てるために融資を受けようと、銀行を訪れた。

「事業資金を融資していただこうと思いまして、お尋ねしました」

「事業計画書は、ご持参なさいましたか？」

「これです。次のビルの建築と賃貸に関する計画書です」

「金井企業株式会社ですね。またビルを建てるのですか？」

「わが社のビルの評判がよくて、テナントの注文が後を絶たないのです」

「これまでの取引の実績が実にいいですね。信用度がとっても高いです。ところで、社長さんは韓国のお方ですね？」

「はい、そうですが。それが何か？」

銀行の融資担当者は事業計画書を検討し、金熙秀の目をしばらく凝視(ぎょうし)した。熙秀も相手をしっかりと見返した。

「分かりました。融資をして差し上げましょう。少々、お待ちください」

こうして融資はすぐ成立した。これまでの実績がものをいったのだろう。

この銀行員は熙秀の目をずっと見つめながら正直さを確かめていた。彼らは語り合いながらも相手の目を見る。その目の光から相手の心を読み取るのである。

金熙秀は不動産賃貸事業で成功した企業家である。その成功の秘訣を尋ねると、「嘘をつかない」「約束は必ず守る」ことであると答えた。すなわち、「正直」と「信用」が彼を企業家として成功させた経営哲学であった。それを忠実に守ろうとした。

「正直」と「信用」は他ならぬ彼の祖父と父から譲り受けた最高の遺産である。

１９６１年に金井企業を設立し、４０００万円の資金で、銀座の一等地にビルを新築し、賃貸業をはじめてから25年の間に、銀座など東京の都心に23棟のビルを所有する資産家となったことは驚くべきことだった。

世界で土地の値段がもっとも高いと言われている東京の銀座などに23棟のビルを所有していた長者であることは言うまでもない。最初のビルの第1金井ビルの価値が50億円を超えるというのだから驚くのも無理はないだろう。

東京の都心にある23棟のビルの他に、北海道各地の原野で植林事業をはじめた。1965年から山林原野の土地買収をはじめ、68年には200町歩に達したところで、およそ7年かけて植林した。その後も250町歩の原野に植林をはじめた。最終的に1000町歩の植林を計画していた。植林事業は1町歩当たり約50万円程度の投資となるといわれていた。1000町歩ならば総額約5億円。

「私のような在日韓国人の場合でも植林事業には国から70%の補助金がでますから」とは言っても、気の遠くなるような投資である。50年は経たないと収益がでない植林事業に手をつけることは普通のビジネスマンとしては理解に苦しむことである。目先の利益ばかりを重視しない金熙秀の人生観とみるべきであろう。彼の植林事業は単なる事業活動というよりは人類の未来を考える活動である。

他にも温泉郷登別に3万坪の温泉地を所有し、軽井沢に別荘分譲地1500坪の土地を所有していた。この頃、在日韓国人社会では金熙秀のことを「金井財閥」と呼んでいた。

1981年11月10日、東京の帝国ホテルで金井企業株式会社創立20周年記念式典が行われた。式典で金熙秀は次のような所感を述べた。

しばしば不動産のことを「土を突っついて水泳するようなものだ」と言います。でもわが社はそうではありませんでした。他人がやらないことをやり、他人が行かないところへ足を運び、他人がやすやすと仕事する時に必死に汗を流して働きました。その結果、今のような「金井」に成長しました。

普通小さな商いというのは、まず自分の利益を確保した後で残りを用いて客に恵みを与えようとするものです。しかし大きな商いというのは、まず客に恵みを与え、その残りを自分の分け前とする。これこそ本当の事業家の姿であり、真の企業精神であると言えます。それでは損害が出るのではないかとおっしゃる方もいらっしゃいますが、決してそうではありません。長い目で見ますと、それこそが利益を生む道であり、そのような企業だけが長続きするでしょう。わが社はまさにこのような企業精神でもって今後50年、100年を存続することでしょう。

1988年に間部洋一著『日本経済をゆさぶる　在日韓商パワー』が刊行された。各分野別に、事業家として成功した在日韓国人のサクセス・ストーリーを書いたものである。金熙秀と共に、ソフトバンクの孫正義、ロッテの辛格浩、MKタクシーの兪奉植などの20人が紹介された。この本で、金熙秀のことを「資産10兆円を手にした男」として紹介している。

しかし、これはかなり誇張した表現だ。10兆円という数字は天文学的な数字である。彼の資産をどう合算しても到底そんな資産家とは思えない数字である。本人がいくら否定しても、その後「10兆円」という表現が独り歩きした。資産といっても、金熙秀の場合は、もともと資産があったわけでもなく、最初のビルの土地代を払うことが精いっぱいだった。不動産を担保に銀行から融資を受け、新しいビルを担保にさらに融資を受けるというやり方で、次々とビルを増やしていたので、その間、不動産価値は上がったとしても銀行からの借入金も増えたことは歴然としている。しかし、さまざまな経済的な要因によって、地価が急騰し、所有する不動産の資産価値が急上昇したことは事実である。

１９８８年のソウルオリンピックを前後して、ソウルで金融分野を担当する金井起興（クムジョンキフン）株式会社と、ビジネスホテルを管理する金星（クムソン）観光株式会社を設立した。もはや金井グループは東京を代表する都市開発の先駆者を自認するほどの確固たる地位を築いていた。

金熙秀のサクセス・ストーリーを見ると、誰もが奇跡だと信じているにちがいない。行政的に、制度的に数々の障壁と牽制があったにもかかわらず、それを克服して、財閥と呼ばれるほどの財を築いた。在日韓国人としての金熙秀に対する見方は誰もが信じがたいものだった。

しかし本人にとって、それは必ずしも奇跡ではなかった。金熙秀が歩んできた生活状況を観察すると、汗あり、涙あり、血のにじむような努力の結晶である。熙秀はマスコミなどからインタビューを受けると、「自分の利益より顧客の利益を先に考えるのが成功の秘訣です。うちのビルへ是非一度いらっしゃってください。こんなにいいところはありませんよ」と、自信たっぷりに答えた。

バスと地下鉄で通勤

金熙秀は外出のとき、いつも公共の乗物である電車やバスを利用した。毎朝、自宅の最寄り駅の目黒駅から地下鉄に乗り、銀座駅で降りて第一金井ビルまで歩いて通勤した。銀座７丁目の古い建物の最上階5階にある7坪ほどの小さな部屋が執務室である。信じられない話だが、一等地に貸ビル30棟を所有し、7つの会社を率いる金井グループの総帥の執務室としてはお粗末だ。同ビルはエレベーターが普及する前に建てたことから、エレベーターがないので、最上階まで階段を歩かなければならない。熙秀は階段の上り下りは苦にならなかった。むしろ歩くことは健康によいと平気で歩いた。

帰りも同様なルートで帰る。職員が全員退勤してから7時頃に手提げカバンを持って、地下鉄駅まで歩き、満員電車に乗って家に帰るのが日常だった。出勤・退勤だけでなく、所用で出かけるときも電車・地下鉄・バスのような公共交通機関を利用し、バス停の3つや4つの距離なら、少し早めに出て歩いた。その方が健康のためにもなり、節約にもなると考えていた。

普通、あれほどの資産家であれば、立派な執務室に高価なカーペットや高級応接セットが揃えられ、豪華絢爛たるシャンデリアが飾られるというイメージが強い。ところが金熙秀の執務室はむしろその正反対の質素な部屋にまず驚かされる。特に、韓国からの来客は、イメージしたこととはほど遠い、時間が止まったようなこの空間に、あたかも信じられないという表情を隠せない様子である。

ある知人が言った言葉がある。

「金社長、最近巷にこんな話が流れています。金熙秀社長に会うと、誰もが3度驚くと言うのです。まずはその財産に驚き、次に社長室に驚き、そして最後に社長の質素な身なりに驚きを覚えると言うのです。私にはこれが必ずしもいい話だとは思えません。若い時分なら致し方ないとしても、今となれば、周囲の人たちを考えても、社長室をもう少し立派なものに造り変え、運転手つきの乗用車も乗り回されたほうがいいと思います。見るに忍びません」

すると、熙秀は躊躇することなく応えた。

「社長室というのは仕事場なのだから、自分のやり易い空間であればいいのだ。それに、まだ脚がしっかりしているので、車は必要ではない。歩くということは健康にいいし、お金の節約にもなり、車を使わなければ環境汚染などもしないのだからいいことじゃないか」

このような人生観を誰よりも深く理解し、支持してくれたのは、他ならぬ、李在林（イジェリム）夫人だった。夫人も夫同様に、乗用車に乗らず、バスと地下鉄を利用する地味な普通の女性だった。質素な家庭的な夫人であった。洗濯にしてもちょっとしたものは洗濯機を使わず、素手で洗った。洗濯機を使って洗った方が捗（はかど）るといわれても、こまごましたものは手であらったほうがさっぱりするといって聞き入れることはなかった。3人の子どもを育てながらも、家政婦を雇うことはなかった。食事もすべて手料理だった。必要な時以外は外食に出かけることはしなかった。

若い時の金熙秀夫妻

買い物にしても、いつどこに行けば安くて良いものを買えるかを調べてから効果的な買物をしていた。1円でも安くて良い物を買うことが趣味でもあり、そのような買物をすることが楽しみでもあった。割引クーポンや景品交換券を入手すると有効に活用した。また、季節外れで必需品がセールに出ると、安い時に買っておいて次の季節に使用するような節約家であった。

熙秀は、事業や学校の仕事により夫人同伴で外国に出かけることもしばしばあった。時間つぶしに観光地やショッピング・センターなどに行くこともある。そんな時も李在林夫人は、高級家具や宝石、ファッション用品などにまったく関心を示さなかった。

夫人は一人で家事を切り盛りし、暇を見つけては、伽倻琴（カヤグム）（朝鮮特有の弦楽器（げんがっき））などを習いに行き、生け花、手芸などをしていた。自宅で使用するシーツや布団、枕、クッション、テーブル掛けのようなものはすべて夫人の手作りだった。

韓国の金持ち夫人らは、本人はもとより家族までも運転手つきの外車を乗り回しながら、高級デパートやVIPルームで贅沢なショッピングなどを楽しむことが普通である。高級屋敷に家政婦らを何人もおいて暮らすというのもよくあることだ。そんな話を耳にするたび、熙秀は彼らが実際に汗水流しながら儲けたお金なのかと、不思議でならなかった。

夫婦ともに質素な生活習慣

金熙秀の東京目黒の自宅の台所の壁に上品な額縁がかかっていた。晩堂李恵求（マンダンイヘグ）の書である。李恵求はソウル大学音楽学部教授として、同大学に国楽科を創設し、国楽理論の基礎をつくって国楽を学問の一分野として認定させた韓国音楽学の大御所である。

「國正天心順」（国が正しければ、天も順調である）
「官清民自安」（官僚が清潔であれば、国民も安心である）
「妻賢夫禍少」（妻が賢明であれば、夫の禍が少ない）
「子孝父心寛」（子どもたちが親孝行すれば、親の心は広くなる）

この書の内容がすなわち、金熙秀の家庭の生活哲学である。

熙秀が中央大学理事長を引き受けてからしばらく経ったある日、夫人が突然言い出した。

「ねえ、あなた。わたし、これから韓国語をきちんと学びたいわ」

「韓国語？　どうしてそんな心境になったのかい？」

「あなたがいよいよ韓国の教育界に身を乗り出したので、これからは韓国の人たちと会うことが多くなるじゃありません？　すると、私も同伴する集まりが当然増えるでしょう？　そのとき私がちゃんとした韓国語で応対できたら役に立つじゃありません？　韓国語をしっかり身につけてあなたの仕事を手助けしたいのよ」

「よく考えたね。ぜひともそうして下さい」

夫人はそれから、延世大学付設韓国語学堂で1年6か月のあいだ、若者たちに混じって熱心に学んだ。学習するうちに、韓国語の実力が向上した。その後、予想通り夫婦同伴の集まりの機会が増え、そのたびに夫人は実力を発揮し、上手な韓国語で座席の雰囲気を和ませていた。

熙秀はこのような妻の考えが実にありがたく誇らしいと思った。妻は夫を尊敬し、夫も妻を尊敬した。夫婦相思相愛だった。事業がうまくいかず何度も危機に直面したことがあったが、そのたびに妻は熙秀を支えた。

教育の世界に進出し、日本で外国語専門学校を立ち上げたときのことである。

「よし、学校の名前をきめたぞ」

「どんな名前でしょうか？」

「秀林外語専門学校というんだ。どうかね？」

「それ、どんな意味なのでしょうか？」

「金熙秀の〝秀〟と李在林の〝林〟を引き合わせて作ったのだよ。漢字からして、〝秀でた林〟または〝勝れた人びと〟といった意味だからいいと思うよ」

「そうですね。私たち二人の名前を組み合わせるとこんなにいい意味が出てくるのですね。とっても気に入ったわ」

秀林の名前はこれにとどまらず、さらに奨学事業と文化事業を目的とする財団にも使用され、秀林財団と秀林文化財団が発足した。夫が秀でた一本の大樹であるとすれば、それを鬱蒼とした林に育て上げたのは、他でもない夫人だったかも知れない。

金熙秀の昼食は決まって「うどん」とか「そば」だ。体に良いものを安く手に入れて食べればそれで十分なのだ。何も食事に贅沢する必要がないという考えである。日本にいる時は近くの馴染の小さなうどん屋さんに行ってうどんとか、そばを食べるのが習慣だった。韓国ではテンジャン（味噌）チゲやカルククッス（手打ちうどん）などの庶民的な料理を好んで食べていた。高価な料理を多量に注文した挙句にほとんど食べ残すようなことは浪費そのものなのですべきではない。

中央大学財団理事長に就任した頃、昼食を食べようとして玄関を出ると、待機していた乗用車があちこちから姿を現わした。

「理事長、お乗りください」

「これは何ごとかね?」

「お食事にいらっしゃらねば」

「食事に行くのに、どうして車に乗らなければならないのかね」

「予約のレストランが少々遠いので、車でないと無理なのです」

熙秀はこんな日はずっと不機嫌だった。昼食時間にちょっと食事に出かけるだけなのに車に乗っていては、この国の将来が大丈夫なのかという懸念がよぎったのである。

熙秀はソウルでの生活は好きではなかった。その理由は、生活が贅沢すぎるからである。

1987年秋、学校法人中央大学校理事長に就任後、韓国日報東京特派員が「新任の中央大学金熙秀理事長は、うどんで昼食を済ませる1兆5000億ウォン（当時のレートで約2700億円）の不動産財閥」という見出を付けて、金熙秀を紹介した。「財閥」と「うどん」はいかにも不釣合いであることを強調したかったのであろう。

韓国の金持ちの家はそれこそ宮殿である。屋敷を守るために、何匹もの猛犬と警備員を雇っている者さえいる。日本の熙秀の自宅は平凡そのもので、ごく普通の庶民の家である。

しかも自宅は高価な邸宅ではなく、会社の社宅住いだった。

中央大学財団を引き受け、東京―ソウル間を往き来しなければならないので、ソウルでの住まいとしてマンション1室を購入した。家具など調度品がないため、熙秀は改めて購入することはせず、ソウルに行く度に東京の家で使用していた古物をあれこれ運んでいた。金浦空港の税関員が熙秀の荷物を見ながら、言ったことがある。

「財産家のあなたがどうしてこんな古びた物ばかり、いつも運んでこられるのですか?」

「お金があるからといって、すでに持っているものをまた余計に買う必要はないでしょう」と応えたものである。

熙秀は、事業を興して金儲けするのは自分のために使うためではないという人生観だった。ある程度お金が貯まったら、社会的還元を当然しなければならない。天が自分に財物を与えて下さったのは、着る服がなくて、ぼろの服ばかり着て飢えている隣人にまともな服を着せ、食事を分け与え、せめて温かいご飯一杯の足しにするためであり、暗い世の中を少しでも明るくする灯の一つとするためであると考えていた。これが財を成した者の使命でなければならないという信念を持っていた。

芸術愛好の一家

金熙秀には3人の子どもがいた。長女洋三（ヤンサム）、次女洋珠（ヤンジュ）、末子の長男洋浩（ヤンホ）である。3人とも、祖父が付けた名である。

長女洋三は学習院大学で金属工芸を専攻し、木工芸家の男性と結婚した。結婚後、芸術家として活動している。次女洋珠も姉と同じ学習院大学で西洋美術史を専攻し、理工系大学を卒業してソニーに勤務している男子と結婚している。次女が両親の家に近いところに住んでいることから、時々実家に遊びに来て、お母さんの世話をしていた。

一人息子の洋浩は慶応大学経済学部を卒業し、公認会計士として会計事務所で勤務している。父親の死後、人材育成に尽くしていた父の遺志を継いで秀林財団理事長に就任した。洋浩はフルートが好きで音楽系の大学への進学を希望していたが、父の勧めで経済学を専攻することになった。大学時代は学生サークルのオーケストラで音楽活動をしていた。サークル活動でピアノを担当していた女子学生と親しくなり、付き合ったのちに、大学卒業後、二人は結婚した。

こうしてみると、この家族は芸術一家なのである。

旅行を楽しむ金熙秀夫妻

母親も美術や音楽鑑賞を誰よりも好んでいた。それに、ことパッチワークに限ってはもはや習う段階ではなく、教えるほど造詣が深かった。展示会を何度も開催したほどである。芸術的感性と熱意がなければできないことだ。

熙秀は暇さえあれば、夫妻で美術展覧会やコンサートなどに出かけていた。工芸展示会に行くときは長女が同伴し、美術展覧会に行くときは次女が同伴した。そしてコンサートに行くときは長男がついていくこともあった。夫婦同伴で海外出張のときは、必ず現地の美術館や博物館などを見学し、音楽コンサート会場を訪れた。それが唯一の楽しみだった。

美術作品を買い入れて所蔵することも趣味の一つだった。李方子（イバンジャ）女史が福祉基金のためにと自ら作った陶磁器2点を慈善展示会に出品したのを見て、熙秀はそれを購入し、大切に愛（め）でた。その陶磁器は端正かつ気品のある白磁の壺だった。李方子は皇族・梨本宮守正第1王女で、大韓帝国最後の皇太子の英親王（ヨンチンワン）・李垠（イウン）と政略結婚させられた悲劇の女性である。1945年の日本の敗戦で財産を没収されるなどの不幸を被りながらも、62年に韓国国籍取得後、「私の祖国も、私の骨の埋まるのも韓国」という信念で社会活動しながら、余生を送った。

熙秀は西洋画や韓国画を数点所蔵していたが、中でも元斎（ウォンジェ）・鄭海駿（チョンヘジュン）画伯の「雪中鴻」がお気に入りで常に傍において愛でたものである。雪原の中の大きな雁を描いた作品なのであるが、画の中に「富貴功名雪外事　雪中独立思無邪」という画題が記されている。すなわち、富貴功名は雪の積もった景色の外にあり、私はその雪の中に独りあって邪（よこしま）なことを思わないという意味である。たとえ乱れた世に生きようとも、自分までもが邪なことを考えてはならない。「心を正し、邪な考えはしない」という意味で、『論語』「為政編」にある言葉である。

熙秀はこの絵の中の風景や画題がこれまでの自身の生き方と重なる部分があって、切実な思いで胸に迫るような気持ちであったせいなのか、好んで鑑賞していたという。そして機会ある度にこの画題を紹介していた。

また熙秀は、韓国伝統音楽にも愛情を注いだ。久しく異国の地で祖国を懐かしみ暮らしていたせいなのかも知れないが、韓国の国楽の演奏を聴いていると、他のいかなる民族音楽からも感じられない同族としての深い情緒的な響きを感じた。

1991年、中央国楽管弦楽団の米国巡回公演のときは、夫妻で渡米し演奏会に出かけた。同年に福井県敦賀市で開かれた南北コリア合同国楽演奏会にも夫婦同伴で出かけた。さらに1992年、鹿児島で開かれた中央国楽管弦楽団の演奏会には、家族全員が時間を繰り合わせ、鹿児島に集まって家族いっしょに鑑賞した。家族が揃って行事に参加することは親としてはこれ以上の幸福を感じることはない。子どもたちにも祖国の文化や芸術に接する機会を与えることも重要であった。このように熙秀は祖国の文化芸術の発展と理解のためなら、お金も時間も惜しまなかった。

子孫に財産は残さない

普通人々は、親が富豪である場合はその子孫も富豪となるものと考える。両親の生存中はともに富貴を享受し、両親の死後その財産を相続人として受け継ぐからである。特に、韓国社会では、こうした考えが固定観念化している。そのために、親が富豪である家庭では、親の死後、子どもたちの間で、財産相続をめぐって紛争が起こることも多くある。

そうすると、富豪の家庭で生まれると、何の努力もせずに容易に富を得ることができる。逆に貧しい家庭で生まれると、いくら努力しても生きていくこと自体が大変である。こうしたことから、金持ちはますます金持ちとなり、貧乏人はますます貧乏な生活を余儀なくされる。それで社会の両極化が進む現象となる。

熙秀の祖父母と両親は子どもには一銭の財産も残していなかった。ところが熙秀は在日韓国人実業家を代表するほどの大企業を作り上げて財閥といわれるようになった。しかし、祖父母と両親は熙秀に財産は残さなかったが、生きていく方法を教えてくれた。金を儲け、管理し、使用する方法を教えてくれたのである。物質ではなく、目に見えない価値と精神、哲学、知恵を与えてくれた。熙秀にとってはこれが本当の財産である。

熙秀の子どもたちは富豪となった父親のお陰で、何の苦労もせずに育ち、教育を受けた。両親は愛情を持って子どもたちを育てた。子どもたちも両親の愛情のもとで、何の心配もなく好きなように教育を受けることができた。経済的に余裕のある家庭に生まれ、親の的確な教育方針によって、苦労せずに好きな学生生活を送ることができた。当然、親としては、子どもたちを養育し、教育させることは一応の責務である。熙秀は平素、「親が子にしてあげることはここまでだ」とよく語っていた。

したがって、熙秀は子どもたちに事業を譲ってやるとか、資産を残すようなことは一切考えていなかった。自分たちのことは自分で決めるべきであるという教育方針だった。「他人の釜の飯を食べてこそ、世間が分かる」という言葉をよく使用していた。

熙秀の妻・李在林は、結婚前の二人の娘に料理、食事の支度、洗濯、部屋の整理整頓などの家事を一通りすべて教え込んだ。娘たちも何の不平も言わず、台所仕事やその他の家事をして、母親の手伝いをした。熙秀も、時間の許す限り部屋を掃除し、皿洗いなどをして手伝っていた。「男子厨房に入らず」の言葉などお構いなく、儒学の教えの如く、「知行合一」「言行一致」を押し通した。それは熙秀にとって、当然なことであり、自然な行動であった。

熙秀は生前、子どもたちが自分の教えをよく理解して、贅沢や浪費もせずに育ってくれたことに頼もしい限りだと語っていた。

年を取るにつれ周囲からこんな質問を受けるようになった。

「当然会社は息子さんに譲るのでしょう?」

中央大学理事長職にあったときの話であるが、こう訊かれたこともある。

「財団理事長職をご子息に譲るお考えはありますか? もしそうであるなら今からでも少しずつ『帝王学』を学ばせ、理事陣に加わるチャンスも与えるべきではないでしょうか?」

熙秀はこのような質問を受けるたびに、たとえ親子の関係であっても、それぞれの生まれつきの個性があり、関心事や趣味も異なるはずだ。ましてや大学教育や事業に関することを無理やりにするわけにはいかないと考えた。子どもたちの人生は子どもたち自身の人生であり、熙秀自身の人生は自分の人生だとする簡単明瞭な応えは、まさしく金熙秀らしい応えだった。

長男の洋浩が大学を卒業する頃になると、会社の役員たちは当たり前のように、父親の会社で仕事を覚えるべきだと勧めた。そのとき熙秀はきっぱりと語っていた。

「そうではありません。わが子だからということで簡単に入社すれば、汗水たらしながら働く本当の意味を知ることができません。あの子もいずれ妻子を養う身、どんな苦心をすればお金を得ることができるかを知るべきです。他人の釜の飯を食べてこそ、初めて世間が分かるというものです」

第5章　社会貢献と教育・研究支援事業

奨学生たちの夢

2010年2月25日、ソウルの秀林財団会議室で奨学生選考のための面接が行われた。

慶尚道(キョンサンド)、全羅道(チョルラド)、済州道(ジェジュド)など韓国の各地から、大学進学が決まり秀林財団の奨学金を希望する学生たちが面接会場に集まり、全員が真剣な面持ちで面接を受けていた。

「幼い頃は、わが家が貧乏だとは分かりませんでしたが、成長するにつれて酷い状況であることを感じるようになりました。友人たちは良い大学に合格したと羨ましがっていましたが、親が学費を払えないので、心配で心を痛めております」

「両親を早く亡くしまして……叔母がわれわれ姉妹を引き取って育ててくれました。これから大学生になるので、奨学金をいただき、アルバイトをして、叔母に頼らずに自分たちの力でやって行こうと考えております」

「父が2年ほど前に作業中に腰を痛めて、働けなくなり、自宅治療をしております。なので、私は奨学金がぜひ必要です。そうでないと、私は勉強を続けることができません。私が大学生として勉強に励む姿を見ることが父の願いでもあります」

「両親が離婚したので、母が女手一つで家計を支えて暮らしています。そんな環境のなかで、年長の私が兄弟の面倒を見ていますが、苦しい生活のせいで弟らが誤った道へ走ってしまわないかと心配しております。大学卒業後は、私みたいな貧乏学生を助ける教師になりたいです」

奨学金をもらいたいという学生たちのせっぱ詰まった生の言葉である。

彼らは志望していた大学に合格し、普通ならば、将来を夢見て、はればれと大学生活を送るための準備にとりかかるところなのだが、貧しい家庭の事情で学費を払えず、どうしても奨学金が欲しいという訴えである。

控室で待機し、名前が呼ばれると、一人ずつ面接室に入り、財団理事らの面接官の前で自己紹介し、質問に答えているが、一流大学に合格して勉強には自信がある学生たちも焦燥心から緊張してか声も震えていた。この秀林財団の奨学生に採用されれば、支給される奨学金で4年間安心して勉強できるため、必死になって面接官にアピールしていた。

ある女子学生は自己紹介をしながら泣き出した。落ち着いて自分の気持ちを丁寧に説明して奨学金をもらいたい気持ちを訴えたいところだが、過去を振り返って、不幸な家族の話をしようとしたら、それまで堪えていた感情が抑えきれず爆発したようである。

「あなたは大学を卒業して社会に出て勤勉に働き、金が貯まったら、真っ先に何をしたいですか?」

雰囲気を少し和らげるために、一人の面接官がこのような質問をした。

「一生、私たちを育てるために苦労ばかりしてきた両親にまず素晴らしい家を建てて上げたいです。そして、多くの人が生活に困っている私を助けてくれたように、私も貧しい家庭で生まれて学びたくても学べない学生たちを助けるための奨学財団を設立したいです」

秀林財団は、金熙秀が中央大学理事長在任中の1990年6月に「秀林奨学研究財団」を設立したが、本格的な活動を始めたのは中央大学理事長職を離れた後の2008年9月からだ。財団は毎年春、新学期の始まる前に韓国全土の高等学校に公文書を送り、大学に合格したが、家庭の事情で学業を続けることができない生徒を推薦してもらい、書類審査と面接を通じて、10人前後を選抜して奨学金を支給していた。学期ごとに一定水準以上の成績を保てば卒業までの4年間、所定の奨学金が支給される。財団は2008年当時、8期にわたり、約100人の大学生に奨学金を支給した。

以前は、恵まれない家庭の子らの場合は、ほとんどが法学部や医学部、経済学部、経営学部などに進学して、判事や検事、弁護士、医者になるか、大手企業への就職希望が夢だったが、現在の学生は恵まれない環境にあっても、多様な夢を持っている。秀林の奨学生を見ても、数学、航空工学、電子工学、建築デザイン、医工学分野、化学生物工学、都市行政学、物理天文学など専攻が多様である。

「日本のドラマが好きで、日本文化関連の仕事をしてみたい」

「設計と施工分野を専攻し、自分なりの都市造りをしてみたい」

「ロボットを初めて見たとき、興奮を抑えきれませんでした。僕の夢は将来、AI（人工知能）技術によってロボットがすべての分野で実用化される、そんな世の中をつくることに貢献したい」

「大学で経営学を学んで、卒業後、ロースクールに進学し人権弁護士になりたい。社会的弱者を助ける仕事をしてみたい」

「犯罪心理分析官になって、犯罪のない安全な社会を作ることが私の夢です」

このような学生たちと向かい合っているときの金熙秀の顔はおのずと柔和な微笑がほころび、満面に広がっていた。しかし、これが生前あれほど愛した学生らとの最後の対話になるとは、知るよしもなかった。

退渓学国際学術会議への支援

李退渓（イテゲ）（1502年1月3日～71年1月3日）、本名を李滉（イファン）、退渓は号。朝鮮王朝を代表する儒学者である。韓国の1000ウォン札紙幣の肖像画となっており、ソウル中心部にある道路「退渓路」は彼に因んで名づけられているほどの歴史上の人物である。

幼いときから儒学者の祖父のもとで儒教思想などを学び、韓国の伝統的な学問に深い愛着をもっていた金熙秀は、1985年8月29日から3日間にわたって日本で第8回退渓学国際学術大会が開催されるというニュースを伝え聞いた。韓国慶北大学、台湾師範大学、米国ハーバード大学、ドイツ・ハンブルク大学などに続き、日本の筑波大学で開かれることになった。大会の主題は「退渓学の歴史的位置——東アジアの思想と文化の歴史的展開および世界思想史的視点からの退渓学の位置」。日本国際退渓学会長・高橋進筑波大学教授が大会議長を務め、韓国退渓学会（李東俊会長）の後援で、筑波大学と国際科学振興財団が主催する国際会議である。日本で開催されるということで、参加者が当初の予定をはるかに超え、250余名となったため、予算がオーバーし、主催者としては困った状況になっていた。責任者の高橋教授は引き受けた以上、国際的な信用問題でもあることから、何とか開催しなければならないと考え、最悪の場合は自腹を切ってでも国際会議を開催すると覚悟をきめ、資金調達に走り回っていた。

ある日、高橋進教授に突然の電話がかかってきた。

「私は金熙秀といいます。韓国慶尚道出身で、日本で会社を経営しています。李退渓先生に関する国際会議を開催するようですね。どのくらいの規模で開催されますか」と訊ねられた。高橋教授は「国内外から250余名が参加します」と答えた。

「そうすると、莫大な経費が必要となりますね」と金熙秀が先に話していたので、「本当は資金問題で困っています」というと、私自身は退渓学研究者ではないが、韓国人として日本の学者をはじめ、世界各国の学者たちが退渓学を研究されることに対して協力する意味で支援したいと申し出た。

高橋教授が驚いたことは、金熙秀は慶尚道出身で、李退渓先生の同郷人でもあるので、この国際会議の開催に協力するために、「慶尚道出身として日本で活動している企業家が150人以上いますので、彼らに大会経費の寄付を勧めます」というのであった。高橋教授としては大変ありがたいことであった。

高橋教授はお礼を兼ねて、東京銀座の金熙秀の事務所を訪問した。電話があってから2週間ほど経っていたが、その間、秘書に命じて、寄付を要請する人たちの名簿を作成したとのことだった。金熙秀は「何としても寄付金集めを成功させましょう」といいながら、自ら相当な金額の寄付金を差し出した。これが大きな導火線となり、各界から寄付金が集まり、第8回国際学術大会が大きな成果をあげることができた。

大会には米国、ヨーロッパ、ドイツ、中国、台湾、韓国、日本などから多数の研究者が参加し、成功裏に終えることができた。この分野の著名な学者である東北大学源了円教授は懇親会の席で、「このようにアジアの学問を国際的に討論する機会を作っていただき感激です」と涙を流しながら祝辞を述べていた。このように、感動的な国際大会だったと高橋教授は振り返った。

国際学術大会は大きな成果を上げて終了したが、もう一つの問題が残っていた。大会に提出された発表論文と討論内容を論文集として刊行することであった。膨大な分量の発表論文を1冊の本にまとめて刊行することを大会で決議したものの、発行費用に関しては全く当てがなかった。この問題も結局金熙秀の支援で、立派な論文集ができた。1986年12月12日、東京の東洋書院から刊行され、日本の各大学図書館や研究機関に配布された。

国際学術大会期間中、金熙秀は毎日会議に出席し、この大会が因縁で中国の学者たちと交流をはじめた。特に、中国の東北地方延吉市にある延辺大学教授で、在中国同胞の李洪淳教授と縁を結んだ。李洪淳教授を通じて東北自治区の学者たちと交流がはじまり、延辺大学に教育器具、教材、教育経費などを送った。

この話は国際学術会議に参加した中国人学者たちから高橋教授に伝えられた。朝鮮民族が居住している国は違っても同じ海外同胞であるという同族愛から暖かい支援をしていたものである。

高橋進教授は当時の盛大な国際退渓学会を無事に終えるように精神的、物質的な支援を惜しまなかった金熙秀に感謝の意を述べた。

金熙秀先生は大変謙遜な方で、どのようなことでもお願いすると、黙って静かに助けてくださる方であって、人前で言いふらすような性格ではなかった。何の条件もなく、必要なものを無条件で助けてくださるだけでなく、私が言い出す前に状況を察して助けて下さった。大会主催にあたって、多くの人から協力をえていたが、何の条件もなしに協力して下さったのは金熙秀先生だけだった。金熙秀先生はこちらから要望する前に自ら協力を申し出る方だった。いまも筑波大学研究室で金熙秀先生から電話を受けたときの感激を生々しく思い出しています。いま考えてみてもこのような方が本当にいらっしゃるんだなとわが耳を疑っています。

国際退渓学会は１９７６年に創立された。その間、韓国、日本、中国、台湾など東アジアを中心に、ベトナムなど東南アジア、米国、ヨーロッパなど全世界に広がった権威ある伝統的な学術会議である。

１９８８年9月15～16日、第10回李退渓国際学会がソウルオリンピック記念退渓学国際シンポジウムとして、ソウル郊外にある韓国精神文化研究院で開催された。国際退渓学会（会長・琴震鎬）、日本国際退渓学会（会長・高橋進）、ユネスコ韓国委員会（事務総長・趙成鈺）の共催であった。「退渓学の回顧と展望」をテーマとして開催された国際シンポジウムに英・米・独・豪・中・韓・日・ソ連邦・ユーゴ・シンガポール・台湾などから１２０余名が参加し、50余名が研究発表した。研究発表は、英語・中国語・韓国語・日本語の同時通訳で行なわれた。次回開催が予定されていた中国からは10余名が参加した。

安岡正篤と退渓学研究

日本における退渓学研究会は、1972年に創立された。会長には宇野哲人東京大学名誉教授、副会長に阿部吉雄東京大学名誉教授と宇野精一東京大学名誉教授、顧問に安岡正篤、諸橋徹次東京教育大学名誉教授のような日本漢学会の碩学が推戴され、八木信夫が理事長に就任した。八木信夫は東京大学法学部在学中に高等文官試験に合格し、朝鮮総督府官吏として、黄海道知事、総督官房付事務官、全羅南道知事などを歴任し、退任後、安岡が主宰する全国師友協会常務理事・事務局長、副会長として安岡を担ぎ出して日韓友好のために余生を捧げた人物である。副理事長、理事、監事には国立大学名誉教授、私立大学総長や理事長、著名な教授など錚々たる顔ぶれであった。

退渓学研究会の創立目的は、李退渓の学問を中心に、東洋精神文化の研究と普及に努め、日韓親善の精神的基盤を確立することであった。

1972年5月、退渓学研究会主催の国際学術会議が東京で開催された。テーマは「近世東アジアにおける朱子学と李退渓」。韓国から18名、台湾から3名、米国から2名など、海外から23名参加した。大会常任顧問として安岡正篤は歓迎のあいさつにおいて、「儒学は修身斉家治国平天下、治己治人の学問であり、経世済民という尊い一面があるが、同時に深い内面的涵養、人知れぬ潜養を非常に大切にする学問であって、この内面的涵養や人知れぬ潜養を意味する」とし、「その内容をさらに深く広く研究し解明し陽原理的な西洋近代文明に深く影響された、日本及び世界の文明の危機を救うことに活用しなければならない」と述べた。

格調高い挨拶に参加者一同感銘を覚えたものである。

安岡正篤といえば、陽明学の大家で東洋思想家として著名であるだけでなく、「日本の歴代総理大臣のご意見番」「政財官界の指南役」として知られている人物である。戦後の歴代総理大臣のほとんどが政局の節目に教えを乞い、多くの財界人が師事するほど、政財界に強い影響力を持っていた。

安岡正篤は日本の歴史に永らく残されるような功績がある。昭和天皇の終戦の詔書（玉音放送）の原案に筆を入れた人物といわれている。また、「昭和」と「平成」の元号の考案者ともいわれている。これは事柄上秘密にされているが、関係者の証言によってほぼ間違いないとみている。

１９７６年5月、大邱市にある慶北大学で李退渓思想研究国際会議が開催され、日本から10余名が参加した。外国からも著名な学者が参加した。国内外から６００余名が詰めかけ、退渓学研究の熱気を表わしていた。大会冒頭、安岡正篤が「先哲の教学」と題して特別講演を行なった。安岡は「仏語に縁尋機妙という語がある」と説き始めた。「縁尋機妙とは、縁が尋ねめぐって、そこここに不思議な作用をなすことである。縁が縁を産み、新しい結縁の世界を展開させる。人間が善い縁、勝れた縁に逢うことは大変大事なことである。これを地蔵経では、聖因・勝縁という」と語った。安岡は退渓先生を初めて知ったのは、東京大学の学生の頃で、22、23歳のときだったといい、学問の厳しさと真理の不変を語りながら、「結局は、退渓学が示す古よりの教え、修身・斉家・治国・平天下に尽きるもので、古典を現代にどう生かすか、これが肝要である」と説いた。
一時間あまりの安岡の話は、出席していた学者たちに深い感銘を与えた。韓国の参加者のなかには、李退渓の思想は４００年前の古いものだと思っていたが、安岡先生の講演を聞いて、立派に現代に通用する思想であることがわかったという感想があった。

退渓学研究国際会議の参加に先立ち、安岡は浦項（ポハン）総合製鉄所朴泰俊（パクテジュン）社長の招待を受けて同製鉄所を訪問した。朴正熙大統領の宿願の国家事業である総合製鉄建設において多大な貢献をしたのは安岡正篤である。総合製鉄所の建設が是非必要であるという朴泰俊社長の説明を聞いた、安岡が当時の日本鉄鋼連盟会長で、八幡製鉄社長稲山嘉寛に協力を要請し、日本の政財界に影響力を行使し、最終的に日本の資金と技術を導入して浦項製鉄が建設されたことは公然の事実として知られている。

朴泰俊は恩人安岡に立派になった浦項製鉄所の姿を見て欲しいと、退渓学研究国際会議に参加する機会に招待したものであった。

国際退渓学会は１９７６年に設立以来、世界各国を巡回しながら、国際会議が開催されていた。

中央国楽管弦楽団への思いやり

中央（ジュンアン）国楽管弦楽団は、中央大学音楽学部国楽専攻の卒業生を中心に１９８７年3月に創設された民間演奏団体である。１９８８年ソウルオリンピックの行事で演奏し好評を博した。韓国国内だけでなく、海外での演奏の機会も多くなり、特に、日本や中国などの演奏団体と合同演奏するなど、国際舞台での演奏活動も多かった。

韓国の伝統音楽に並々ならぬ関心を持っていた金熙秀は韓国魂が秘めている伝統音楽に特別な思いを抱いて鑑賞し、この分野の音楽家たちを支援していた。故国を離れて日本で生活していることから韓国音楽に対する愛着がいっそう強くなっていた。韓国音楽によって表現される民族的な情緒が他の音楽より深い感動を与えていたようである。

そのような関心から、熙秀は中央大学卒業生を中心に構成される中央国楽管弦楽団に特別な関心を示し、支援を惜しまなかった。この楽団が日本や米国で演奏会を行うときは、必ず楽団に同行し、さまざまな支援をした。

米国のニューヨーク、ワシントン、シカゴ、アトランタなどで公演が行われた。金熙秀が中央大学理事長に就任して最初の米国訪問だった。在米中央大学同門会関係者と接する機会も多くあった。理事長は団員たちと行動をともにした。

この演奏旅行を通じて、楽団団員たちが深い印象を受けたことは理事長の質素な振る舞いと心優しい人間味であった。普通、大学財団の理事長となれば、卒業生たちが準備する豪華な乗用車に乗り、高級ホテルに滞在して威厳をみせているが、卒業生たちが用意した高級乗用車を断り、団員たちといっしょにバスに乗り、高級ホテルを固辞し団員たちと同じ宿所に泊まりながら、団員たちと会話する時間を楽しんでいた。公演会場の観客が少ないときは秘書たちに観客動員の広報が不足しているのではないかと案じていた。リハーサルのときから団員といっしょに参加し、観客動員にも熱意をみせていた。

演奏旅行の時のでき事である。演奏団一行が早朝4時に出発する飛行機でアトランタからニューヨーク経由で韓国に帰るために、アトランタ空港に行った時のことである。理事長が乗る東京行きの飛行機は演奏団一行より6時間後の10時出発なのに、理事長夫妻は演奏団一行を見送るために、早朝4時に空港にきて待っていた。前日の晩、見送る必要がないと、再三伝えていたにもかかわらず。それでも早朝の早い時間に、空港までわざわざ見送りに来る理事長の心温まる気遣いに楽団員はみな感動した。

このような心遣いは単なる芸術活動に対する財政的援助とは別次元の援助である。これは金銭では換えられない人間愛である。

1991年5月2～5日、福井県敦賀市で環日本海国際芸術祭が開かれた。韓国の中央国楽管弦楽団、北朝鮮の平壌舞踊音楽団、日本の日本音楽集団、中国の上海京劇院と浙江省歌舞団、旧ソ連のコザック・アンサンブルなどが参加する「海を超えて、時間を超えて、われわれは一つになろう」というテーマで、環日本海にある国の伝統音楽を演奏する大音楽会だった。

この音楽会のクライマックスは朝鮮民族分断以来、初めて開催される南北朝鮮楽団合同演奏だった。当時、この演奏会は朝鮮民族が抱いていた「恨」を音楽の世界を通じて解決することで、民族統一の序奏という評価を受けた。

5月4日には「南」の中央国楽管弦楽団と「北」の平壌舞踊団が合同公演する「アリラン幻想曲」が分断民族の対決を和解へと導くものだった。この演奏会にも金熙秀は敦賀まで行き、中央国楽管弦楽団の団員たちを激励し、平壌から来た演奏団員たちとも会って、南北分断の窮状について対話し、南北の演奏団員を慰めていた。

その後、鹿児島で演奏会が開かれた時も日程を調整して夫婦で参加し支援した。

金熙秀理事長は中央国楽管弦楽団の演奏には国内外を問わず参加し、韓国の伝統音楽に対する愛情を注いだ。団員たちはこのような距離感のない素朴な理事長夫妻を、自分の家の心優しいお年寄りのような感覚でいつまでも忘れることはなかった。

1988年7月、中央国楽管弦楽団が天理市民会館で行なった演奏会において金熙秀理事長は祝辞を述べた。

> われわれ人間が生きている姿のすべてを文化と定義するなら、文化は流れることである。溜まっている水が腐るというように停滞した文化は消滅を意味するからである。東アジアに位置する中国、日本、韓国の3国は、1000年以上、文化交流を持続してきた歴史がある。その間、文化交流を通じて成熟した潜在能力が21世紀には世界を先導する可能性を見せている。
>
> このような意味で、私が教育に携わっている中央大学校音楽大学国楽管弦楽団が日本巡回公演をすることになり、大変喜ぶべきことであると思います。このような音楽文化の交流を通じて西欧文化の限界を看破するほどの成熟した様子とともに人類の可能性を現わす契機となります。

また、1993年4月20日、ソウルの世宗（セジョン）文化会館大講堂で、学校法人中央大学と中央大学発展基金造成委員会が後援する中央国楽管弦楽団主催の「中央ファミリーのための国楽の夜」演奏会が開催された。金熙秀理事長は激励の挨拶のなかで、ご自身の奨学精神と芸術観を披露した。

中央ファミリーのための団結と和睦のための国楽の夜の開催を祝賀し、計画と実行においてご苦労された韓国音楽科教授の皆様に心から慰労の言葉を申し上げたい。

中央ファミリーの皆様がご承知の通り、最近の中央大学は苦い経験をしましたが、70余年の伝統と国家発展及び国家干城を養成する奨学精神が基盤となり、発展の軌道に拍車をかけています。このような時に、わが民族の伝統的な国楽で和合と団結の場を設けることとなり、意義のあることであります。

国楽を排除する間違った風潮をなくし、芸術のすばらしさを高揚させ、韓国固有の伝統文化発展に寄与することを期待しています。

宇宙の律動が楽器の律動と調和する芸術的社会になることを祈願します。

金熙秀は理事長として韓国伝統音楽を通じての伝統文化の発展と音楽を通じて中央大学のすべての関係者の和合と団結を訴えていた。これは音楽が持つ偉大なる力と能力を通じて、中央大学関係者の理想を、広くは、理想的な社会を追求するという信念だった。

留学生たちへの支援

金熙秀は学術文化に対する支援活動を広範囲にわたって行った。

1970年代から日本で学んでいる韓国人留学生たちをさまざまな側面で支援した。留学生たちを個別に支援する一方、在日韓国留学生会が主催するスポーツ大会や学術研究発表会などを後援した。

1988年に在日韓国留学生連合会が『日本留学100年史』を発行する際には、留学生への精神的な激励とともに、多額の財政的な支援を惜しまなかった。株式会社ロッテの辛格浩会長はじめ、多数の在日経済人が同書刊行のために寄付したが、なかでも最も多額の寄付をしたのは金熙秀だった。

韓国の近代化過程において、海外に留学した人たちが祖国に帰り、新生祖国の国づくりに各分野で果たした役割は非常に大きい。朝鮮王朝末期まで西欧との交渉を拒む政策を堅持し、世界の変化に対応できず、後れをとっていた祖国の状況を海外生活のなかで実感し、新文明の創生のために発展している先進国から学び、祖国の近代化に貢献したいと勉学に励んでいた海外留学生たちが数多くいた。

彼らは海外の先進国で習得した近代的な知識や技術を祖国に持ち帰り西洋文明を紹介し広めることで、民族意識を覚醒させ、開化運動を展開するなど、さまざまな分野で活躍した。なかでも、日本留学生たちが韓国近代史において果たした役割は大きいと『日本留学100年史』は指摘している。

その理由として、日本留学生たちは韓国の歴史上、最初に近代的な正規課程の高等教育を受けた人たちであるとし、日本で教育を受けた相当の人たちが政界や経済界、教育界、言論界などで近代韓国の先駆者として活躍しており、韓国近代史に直接的な影響を及ぼしていると述べている。

朝鮮王朝は日本の開化実態を視察するために日本に国政調査団「朝士視察団」（当初は「紳士遊覧団」と表現していたが、適切ではないとして変更した）を1881年に派遣した。朝士視察団の派遣に際し、反対の気運が強いことから、視察団の派遣を公表せず、秘密裏に計画が推進された。

視察団の総人員は62名。12班に分かれて、朝士12名が各班の責任者となり、2名ほどの随員と1名の通事（通訳）、1名の従人による5名で班を構成した。

視察団は秘密裏に釜山を出発し、4月11日に長崎に到着した。長崎から船舶に乗り替え、横浜経由で東京に到着した。74日間滞在しながら、太政大臣三條実美をはじめ、左大臣岩倉具視、参議伊藤博文など政界の重要人物と会見し、各班は役割を分担して、内務省、農商省、外務省、大蔵省、文部省、司法省、軍部、税関、造幣局などを視察した。特に、砲兵工廠、各種の工場、図書館、博物館、病院、郵便、電信などの公共施設や各種の学校などを見学し、日本が先に導入して実施している西洋文物の実状を見聞した。

使節団は朝鮮の開化政策に参考となる多くの資料を蒐集して帰国した。帰国後、視察報告書と見聞事件録を作成して提出した。視察団の中から後に開化運動に参加する人たちが多数いた。

魚允中（オユンジュン）班に随員として参加した兪吉濬（ユキルジュン）、柳定秀（ユジョンス）、尹致昊（ユンチホ）は任務終了後、魚允中の指導を受け、日本に残って新教育を受けた。魚允中は兪吉濬と柳定秀を福沢諭吉に預け、福沢諭吉が開設した慶応義塾（現慶応義塾大学）に入学させた。また、尹致昊を外務卿井上馨の斡旋で中村正直が開設した私塾の同人社に入学させた。同人社は、慶応義塾とともに、当時3大義塾と称された。同人社は中村の死後、東京英語学校に併合され、廃校となった。

彼らが近代韓国最初の日本留学生である（『日本留学１００年史』）。

日清戦争で勝利し、勢いに乗って大陸侵攻を進めようとする日本の明治維新以来の発展ぶりから学ぶべきことがあると判断した朝鮮王朝は日本に官費留学生を派遣した。

１９０４年10月、大韓帝国皇室特派留学生と称して「高官の子弟」50名を選抜して、学費や生活費などすべての経費を負担して特派留学生として、日本に派遣し、日本の近代的教育制度を活用し、朝鮮の改革を先導する人材養成を試みようとした。このなかには、独立運動や解放後の政界において活躍する趙素昂、崔麟、崔南善などがいる。

趙素昂は大韓民国臨時政府外交部長を務め、崔麟は３・１独立宣言に署名した33人のうちの１人、毎日新報社長や天道教道領（教主）などを務める。崔南善は３・１独立運動のとき、独立宣言文を起草した。しかし、皇室特派留学生のほとんどは後に朝鮮総督府に協力したという理由で親日人物としてみなされた。

しかし、これがきっかけとなり、私費留学生が急増した。１９０８年10月、金性洙と宋鎮禹は私費留学生として日本にわたり、正則英語学校と錦城中学校で入学試験準備をしてから、１９１０年４月、早稲田大学予科に入学した。折しも韓国併合となり、宋鎮禹は祖国がおかれている状況を考えると、日本で勉強する気がしないと帰国した。金性洙は冷静に考え、感情に流されることなく、実力をつけることが先決であると、修学の継続を決心し、１９１１年秋、早稲田大学政治経済学科に進学した。ところが、宋鎮禹は帰国して落ち着いて考えてみたら、金性洙は自分より一歩先を見ていたと、状況判断に甘さがあったことを認め、東京に戻り、明治大学法科に進学した。

金性洙は早稲田大学を卒業し、帰国すると、早稲田大学創立者・大隈重信の建学精神に影響を受け、人材育成のための教育事業に身を投じた。

資産家である養父と実父から支援を受け、民族学校の中央学校の経営を引き受けて教育事業を推進しながら、民族資本を集めて民族企業の京城紡織株式会社を設立し、朝鮮最大の近代的民族企業に成長させた。さらに、民族新聞『東亜日報』を創刊し、私立の名門高麗大学を設立するなど、日本で学んだことを活かし、学生時代に交流した仲間たちを誘って、日本の植民地時代という特殊な条件のもとで、教育、産業、言論界に多大な功績を残した。

当時、東京には400人ほどの朝鮮人学生がいた。彼らは東京という同じ空間で祖国の将来を背負って立つという共通の使命感を持って勉学に励むエリートたちだった。当時の留学生は地主や官僚の子弟がほとんどだった。彼らは大学の垣根を越えて交流していた。

東京帝国大学には朴容喜（京城紡織専務）、金俊淵（法務部長官）、兪億兼（米軍政庁文教部長・大韓体育会長）など、早稲田大学には金性洙（京城紡織創業者・東亜日報社長・高麗大学創立者・副大統領）、張徳秀（東亜日報主筆）、安在鴻（朝鮮日報社長・米軍政庁民政長官）、玄相允（高麗大学初代総長）、崔斗善（京城紡織社長・東亜日報社長・国務総理）など、明治大学には宋鎮禹（東亜日報社長・韓国民主党初代党首）、曺晩植（朝鮮日報社長・朝鮮民主党初代党首）、金炳魯（大法院長〈最高裁長官〉）、玄俊鎬（湖南銀行設立者）、趙素昂など、慶応義塾大学には金度演（財務部長官）などがいた。解放後の韓国各界で活躍する若きエリートたちが同時期に東京で学び、交流していた。彼らにはまた連帯感があった（集英社刊『アジア人物史』第11巻参照）。

日本留学生はその後も徐々に増加した。１９２２年には３０００人を超え、１９３８年には1万人を超え、１９４２年にはおよそ3万人に達した。この時期は初期の留学生たちと違って、経済的に余裕がない学生が多く、働きながら学ぶ苦学生が多かった。

木浦共生園と熙秀浴場「愛の水」

木浦には、朝鮮戦争で父母を亡くした３０００人の孤児を育て上げた田内千鶴子（韓国名尹鶴子）の社会福祉施設の木浦共生園がある。

１９２８年、キリスト教伝道師の尹致浩が身寄りのない7人の子どもたちを連れて帰り、木浦の片隅でいっしょに暮らし始めた児童養護施設が木浦共生園の始まりだ。

高知県生まれの田内千鶴子は朝鮮総督府官吏だった父親に連れられ、木浦に移り住んだ。母親は熱心なキリスト教徒の助産婦だった。千鶴子は木浦高等女学校を卒業して、ミッションスクールの木浦貞明女学校の音楽教師をしていた時、女学校時代の恩師から共生園でボランティア活動を勧められ、ボランティア活動をするうちに尹致浩と交際が始まり、周囲の反対を押し切って二人は結婚した。千鶴子は一人娘であったことから、尹致浩は田内家に養子入りした。

１９４５年8月15日は若い二人にとって過酷な試練だった。日本の敗戦によって朝鮮は日本の植民地から解放された。尹致浩は日本人妻を持つということだけで迫害を受けた。暴徒が押しかけて来た時、守ってくれたのは園児たちだった。「僕たちのお父さん、お母さんに手を出すな！」と園児たちが泣きながら抗議した。

1950年6月、朝鮮戦争が勃発し、混乱のさなかに尹致浩は500人の孤児たちの食糧費を工面するために出かけたまま戻らなかった。千鶴子は行方不明になった夫の代役をつとめ、戦争孤児の子どもたちを養育した。千鶴子は日本人であるため、いじめられることもあったが、夫の出自を尊重し、韓国人になりきって、尹鶴子としてチマ・チョゴリ姿で韓国語を使用する園児たちのオモニ（母）として3000人の戦争孤児を世話した。

千鶴子の献身的な共生園の運営に木浦市民だけでなく、韓国政府も心を動かされた。創立20周年の時、村人によって記念碑が建てられ、政府官庁から多くの感謝状や表彰状を受け、また、韓国最高の賞である「大韓民国文化勲章」が贈られた。

園児たちの世話で心身ともに疲れ切った千鶴子は重病で倒れ、1968年10月31日、57歳で永眠した。死の直前、もうろうとした意識の中で千鶴子が長男・田内基（タウチモトイ）（韓国名尹基（ユンキ））に漏らした一言は「梅干しが食べたい」だった。それまで韓国語しか話さず、孤児たちの母として気丈にふるまっていた母が日本人女性に戻っているのを尹基は感じ、衝撃を受けた。この経験が彼の社会福祉活動の原動力となった。

葬儀は木浦市民葬として木浦駅前広場で行われた。当時の新聞は「お母さん！　幼い私たちを置き去りにしてどこに行かれるのですか？　孤児たちの泣き声に港町木浦が泣いた」（『朝鮮日報』1968年11月3日）と報道した。市民葬には3万人の市民が参列した。

木浦共生園で育った17歳の少年の追悼の言葉を紹介しよう。

日本に故郷を持っていながら、言葉も風俗も違うこの国にあなたは何のためにいらっしゃいましたか。40余年前、弾圧政治が続いていた植民地時代に泣きながらひもじさを訴えていた孤児たちを集め、あなたは学園をつくりました。自分でご飯を炊いて、子どもたちに食べさせました。着物のない者には、着物を縫ってやりました。孤児と乞食の間で骨身を惜しまず、世話をして下さったお母さん。あらゆる苦難を乗り越えて、誰もまねの出来ないようなキリスト教精神に生きられたのを、どうして私たちが忘れましょう。あなたの韓国語はたどたどしいものでした。でも、その声、お母さんの匂い、愛で一杯だったあなたの目をいま、どこで探せばいいのでしょう。お母さん!

(『世界』2009年7月号より)

田内千鶴子の生涯『愛の黙示録』が日韓合同映画として制作され、1995年に日本で上映され、文部省選定、厚生省文化財特別推薦などを受けた。また、日本映画批評家アジア親善作品賞などを受賞した。『愛の黙示録』は1999年に韓国で上映され、日本の大衆文化韓国解禁第一号作品となった。『愛の黙示録』が韓流ブームの先駆けだった。

2008年8月10日、木浦共生園開設80周年記念事業が木浦で行なわれ、日本から小渕恵三元総理の令夫人小渕千鶴子女史が参加した。小渕総理は2000年3月、田内千鶴子が生前、「梅干しが食べたい」と話したことに感銘を受け、総理在職中に梅の木20本を寄贈し、いずれ訪問したいと約束したが、その約束は果せず、総理在職中に病に倒れ、永眠した。小渕千鶴子夫人の訪問は小渕元総理が果たせなかった約束を代わりに実現するためだった。

金熙秀はときどき木浦共生園を夫婦同伴で訪問した。最初の訪問のとき、100万円をおいて行った。お名前を聞くと、馬山出身の日本からきた金社長だと言い残して帰った。しばらく経って金熙秀夫妻はふたたび共生園を訪問し、同じく100万円をおいて帰ろうとしたので、理事長から是非お名前を聞くように言われたというと、名刺をおいて行った。金井企業株式会社社長金熙秀だった。熙秀は馬山生まれ。故郷馬山を訪ねたあと、バスで何時間もかかって共生園の孤児たちに会うために木浦まで行った。孤児たちを見るにつけ、自分の幼い頃のことが走馬灯のように浮かび、支援しなければならない気持ちになった。金熙秀夫妻は数人の孤児の里親にもなった。

金熙秀が木浦共生園に行くようになったのは、森山諭牧師から田内千鶴子の長男尹基理事長を紹介され、共生園を助けてくださいと言われていたからだ。金熙秀は森山牧師を尊敬し、娘たちや息子の媒酌人になってもらったほどの親しい関係だった。

森山諭牧師は韓国社会福祉事業の先覚者であり、『真珠の詩・韓国孤児の母・田内千鶴子の生涯』という著書がある。

金熙秀は共生園訪問の時、子どもたちの生活の様子をみながら、気になることがあった。子どもたちは天真爛漫で、一日中飛び回って遊んだ後、体を洗おうとすると水が足りないことに気づいた。何とか存分に沐浴をさせてあげたいとの思いから、熙秀は自分が井戸を掘ることを申し出た。

井戸掘りの業者をソウルから3社呼び、相見積もりを出させた。提出された3社からの見積書を金熙秀は項目ごとにチェックし、最低価格を拾って、それの合計価格にするようにと業者に伝え、その金額でやって欲しいと要請した。さすがに日本で企業家として成功した人の計算に脱帽して韓国の業者たちはその金額で工事を引き受けていたという尹基理事長の裏話だった。

どこをどう掘ってもいいからできる限り深く掘って、何とか水が湧き出るようにして欲しいという依頼に、技術者たちは渾身の力をふるってあちこちの土を掘ってみたが、一向に水は出てこなかった。結局彼らはあきらめて帰ってしまった。金熙秀は深い落胆と失望にとらわれながらも、かすかな希望を捨てることなく、木浦共生園所属の牧師らと熱心に祈祷をささげた。

共生園熙秀浴場「愛の水」石碑
（左から２番目が金熙秀・夫人・尹基）

しばらくしてから、ある日、技術者たちが掘っておいた井戸の一つから水が流れ出るようになった。塩水ではなく真水だった。この知らせを聞いて「砂漠にオアシス」のような気分で金熙秀は喜んだ。これでやっと子どもたちは思いのたけ沐浴できるようになった。神様がその願いを聞いて下さったのだろうか。

それからだいぶ経ってから木浦共生園に行くと、井戸のそばに石碑が立っていた。「愛の水」（サランエムル）の由来が書いてあった。事情を訊いてみると、時の流れとともに忘却されてはならないので、感謝の気持ちを表そうとして井戸が作られたいきさつを刻んだ石碑を建てたとのことだった。現在、井戸はなくなり、石碑だけ残っているが、当時、木浦共生園の子どもたちはこの井戸を「熙秀浴場」と呼んでいた。金熙秀の愛情の浴場である。

木浦共生園は1970年代初頭から子どもたちを中心に水仙花（スソンファ）合唱団を組織し、国内外を巡回しながら、演奏会を行なった。尹鶴子の故郷が日本なので、日本の都市を回りながら演奏する交換音楽会もしばしば行われた。金熙秀は水仙花合唱団の演奏会が日本で成功するようにさまざまな協力を惜しまなかった。この演奏会はNHKなどの公共放送を通じて日本全国に中継され、日本人だけでなく、在日同胞からも熱烈な歓迎を受けた。合唱団の日本での演奏会スケジュールがすべて終わると、金熙秀夫妻は子どもたちにお土産を渡し、当時流行のウォークマンを1台ずつプレゼントした。子どもたちは欲しくても手に入らないウォークマンをもらって大喜びした。子どもたちへの優しい気持ちの思いやりだった。

田内千鶴子の長男・田内基（尹基）の「身寄りのない在日韓国老人が入居できるキムチが食べられる老人ホーム」建設の呼びかけに賛同する日本の各界の有志が発起人となって、1985年に「在日韓国人老人ホームを作る会」が発足され、89年に日韓両国の高齢者が一緒に暮らす、日韓共生の老人ホーム「故郷の家」が大阪府堺市に誕生した。それから大阪、神戸、京都に開設され、2016年10月、東京都江東区に「故郷の家・東京」が開設された。

「故郷の家・堺」の建設のとき、資金繰りに困っていると聞いた金熙秀は土地購入資金4700万円を自分名義で銀行から融資を受け、田内基に渡した。銀行からの借入金はすべて故郷の家で返済した。それでも、経済上の厳しいときに黙って支援してくれた金熙秀の厚意に田内基は感謝の気持ちを忘れない。第1号の堺の施設ができなかったら、現在、東京の施設まで5つの施設の建設は不可能だったかもしれない。

田内千鶴子の意志を受けて、「木浦共生園」と「故郷の家」は日本人と韓国人の交流の場、共生の場として日韓の架橋の役割を果たしている。

サハリン同胞への支援

金熙秀は在日同胞社会における政治的な活動にはそれほど関心を示さなかった。1980年代に入り、実業家としてある程度成功し、経済的基盤ができたことから、同胞社会においても一定の協力をすることが必要と考え、関連団体の職責を引き受けるようにした。東京商銀信用組合理事や東京韓国人商工会副会長に就任し、韓国居留民団東京本部および中央本部顧問に就任した。

当時、ソ連邦と韓国とは敵対関係にあったことから関心もなかったが、ソ連領サハリン居住同胞たちの問題には関心を持つようになった。在日韓国人たちが樺太帰還在日韓国人会を結成し、金熙秀は顧問に就任した。この会の仕事として、サハリン同胞と韓国の親族が会えるように、家族を探して、家族を日本へ招請し、日本で逢えるように活動した。

1986年まで8回に渡って、韓国とサハリンにばらばらに居住している家族を日本で再会する事業を行なった。しかし、サハリンと韓国から親族や家族が東京に来て、40年ぶりの再会を実現する活動だけでも大変だったが、当時は韓国の親族の経済事情もそれほどよくなかった時代だったので、彼らの東京での滞在費をどうするかという新たな問題が浮かび上がった。この事情を聞いた金煕秀は東京両国にある宿泊施設を彼らに無料で提供した。

この事実を『統一日報』は1986年4月12日、「サハリン問題に関しては、費用をも含め日本、韓国、ソ連が人道的立場で解決すべきであるが、現状は簡単な問題ではなかった」と報道した。結局、同胞愛の次元で民間まかせとなった。

筆者は、2013年7月30日から8月2日にかけての4日間、サハリンを訪問する機会があった。サハリンは、現在はロシア領である。1945年までは樺太(カラフト)と呼ばれ日本領土（北緯50度以南の南樺太）だった。ソ連邦崩壊の1992年までは、一般人が立ち入ることのできない地域だった。サハリン全体の人口は約50万人。その77％がロシア人、韓国・朝鮮人が6.6％、日本人は219人（2010年）が暮らしていた。

その時、残留韓国人徐氏と残留日本人女性の二人と面談した。韓国人徐氏は樺太生まれ。祖父が戦前釜山から樺太に移住した。三代にわたって王子製紙の職工として働いた。日本の敗戦で突然日本人でなくなり衝撃を受けたという。1946年に朝鮮学校が設立されたので、朝鮮学校に入学したが、朝鮮語が全く分からなかったので苦労したという。朝鮮学校卒業後、師範学校へ進学し、朝鮮民族の歴史と文化を伝えたいと教師となった。韓国籍も取得して、一時は韓国へ帰国することも考えたが、妻に反対されサハリンに残ったと語っていた。サハリンの朝鮮人は1931年の日中戦争がはじまると、「応募」「募集」「徴用」という名で集められ、6万人（推定）を数えるようになった。敗戦後は、日本人でなくなったため、祖国に帰ることもできず、「棄民」とも言われた。

日本人女性の松崎節子は、戦前に樺太に来たものの貧しく、学校にも通えず、敗戦後、生きるため16歳の時、朝鮮人男性と結婚させられた。3児をもうけたが、二人は亡くした。それから離婚したが、日本への帰国はあきらめ、再婚して今は家族とともに幸せに暮らしているとのことだった。敗戦後、多くの日本人女性が朝鮮人と結婚したという。そのため日本への帰国の道が絶たれた。このことはあまり知られていないと話していた。また、反日感情も強かったため、引き揚げることができなかった残留日本人は、日本語での会話をタブーとし、韓国人や朝鮮人を装った人も少なくなかったとのことだった。敗戦により日本人と朝鮮人との立場が逆転し、家族を守るためにやむを得なかったかもしれないが、残された当人の苦労は想像を絶するものだった。

そうした激動を経験した二人は、恨みを語ることもなく、サハリンで生き抜いたことをむしろ誇らしげに話していたことが印象に残っている。

第6章　金井学園設立と人材育成

秀林外語専門学校設立

金熙秀は生涯にわたって、3つの恨（ハン）（心の底におりのようにつもった悲哀・無常観を表す韓国人のメンタリティ）を胸に持っていた。それは学ぶことができない恨、貧困の暮らしの恨、そして国を失った恨である。すなわち、学べないこと、貧しい生活に耐えること、国を失うことであった。熙秀はこれを克服するために、個人としては実業家として成功することをめざしたが、単なる経済的な成功が目標ではなく、それは人生の目標を達成するための手段であり、過程であると考えていた。したがって、社会的な貢献も念頭におき、「正直」と「信用」をビジネス方針とした。そして人々に尊敬される実業家になるために全力を尽くして働いた。その過程で、さまざまな難関と制約があったにもかかわらず、忍耐と努力で乗り切ることができた。

実業家としては成功したといえるが、次の課題が待っていた。恨をほぐすことは自分一人ができることではなく、民族全体の問題である。真の愛国とは、優れた民族的な力量を育てることであり、そ

金井学園創立者金熙秀

のための確固たる土台を築くことである。それがすなわち教育であると考えた。

金熙秀は、不動産財閥といわれるほど、わずか20数年のあいだに「巨万の富」を蓄積することができた。そもそも熙秀は金持ちになるために金を貯めたわけではない。彼の質素な生活からも見られるように、節約し、必死に働いて貯めた結果である。「貯めるだけが能ではない」という価値観の持ち主なのである。熙秀が好んで使用する言葉がある。

「金を残すは〝下〟、事業を残すは普通の〝中〟、人を残すは〝上〟」

あるリポーターとのインタビューで、「金は稼ぐことより使うことがもっと難しい」といい、韓国中央大学の経営を引き受けてから、「残りの人生を人材育成のためにすべての財産を捧げる覚悟である」（『女性東亜』１９８７年10月号）と述べている。

不動産賃貸事業で成功して蓄積した財産を有効に活用するために教育事業に身を投じて人材育成に余生を捧げようと決心した。自分が死んだ後、金を残すべきか、人材を残すべきかと悩んだ末の結論として人材を残すことにした。

教育に身を投じる以上、最終目的は祖国韓国での人材育成であるが、当時の全斗煥政権は大学新設を抑制する政策を推進していたことから、韓国での大学設立は厳しい状況であった。また、巨額の負債を抱えて経営困難となったいくつかの大学から経営権の引き受けの打診があったものの条件面で折り合わず、慎重に考える必要があった。

急変する世界情勢下でグローバリゼーションが進展し、外国語がますます必要であるという認識から、教育事業の一環として、まず日本で外国語学校を設立することを決心した。

1985年に大島外国語専門学校設立準備委員会が発足した。新宿区歌舞伎町にある奈良屋ビジネスホテルに事務所をおき、委員長金熙秀、本部長鄭東鎬（チョントンホ）、準備委員申景浩（シンキョンホ）の3人体制で学校設立の準備がはじまった。当時、金熙秀は還暦を過ぎたばかりの働き盛りの年齢だったが、鄭東鎬本部長は30代、準備委員として参加した申景浩（現在の理事長兼校長）は20代のバリバリの青年だった。二人の若い青年たちの意見を聞きながら、外国語専門学校設立準備作業を進めた。主要メンバー3人とも学校経営の経験がなく、素人ながら、建物の設計や建築、設備、教職員などの手配、カリキュラムの作成など、学校認可を得るための諸般の手続きをこなさなければならなかった。

まず手始めに、学校法人金井学園を設立し、金熙秀は理事長に就任した。東京都江東区大島に校地として土地69坪を取得し、校舎建築など秀林外語専門学校設立準備にとりかかった。秀林（しゅうりん）は金熙秀の〝秀〟と夫人の名前の在林から〝林〟をとって作った学校名である。二人の理念を実現するという思いを込めて命名した。初代校長に金山政英（元駐韓国日本国大使）を招聘して東京都に専門学校認可申請した。設立趣意書によれば、本校の教育目標は人間尊重の精神に徹し、国際人としての自覚を高め、国際社会に奉仕できる心豊かで、思いやりのある逞しい人間を育てることである。そのために、特に人格形成とその向上に努めることが急務である。一人ひとりの個性や能力が十分に生かせるように配慮して、意欲的な学園生活を送ることができるように努める。

そのために、一人ひとりの人間をよく理解しあえるように、学生と教師の心のふれあいを大切にし、個性や能力に応じた指導を通じて学生自らが社会の一員としての自覚を高め、自己実現を図る必要がある。

20世紀までは、ヨーロッパやアメリカ大陸が世界の中心であった。しかし、21世紀はアジア大陸が世界の中心となる。そのためにアジアの人々の果たす役割が重要となる。世界の情報をいちはやくキャッチして正確に判断しなければならない。そのためには語学の役割が極めて重要であるという認識から、東京に外国語専門学校を設置し、主としてアジア地域の留学生を受け入れ、国際舞台で活躍できる人材育成を推進することが重要な課題であった。

現在の秀林外語専門学校の学校地に１９８５年から校舎の新築が始まり、２年かけて工事が行なわれ、鉄骨・鉄筋コンクリート造10階建（総面積３４５坪）の新築校舎が１９８７年秋に完成した。１９８８年１月、東京都知事によって２年制の秀林外語専門学校が認可された。

秀林外語専門学校は韓国語学科、英語学科、中国語学科、日本語学科の４学科から構成された。アジア主要国の言語を学び、文化を知り、コミュニケーション能力を高めることによって、グローバル

秀林外語専門学校入学式で祝辞を述べる金熙秀理事長

学生に賞状を渡す金熙秀理事長

な競争世界において活躍できる人材、そして、来るべきアジア時代の担い手となる人材を育成する学びの場をめざした。

１９８８年4月から秀林外語専門学校が開校し、新入生募集がはじまった。１９９９年に日韓通訳翻訳学科、日中通訳翻訳学科、日本語学科に改編した。その間、国際社会で活躍する優れた人材を輩出した。特に、日韓・日中通訳翻訳学科の卒業生たちは、国家資格の通訳案内士試験において顕著な実績を挙げている。

秀林外語専門学校開設以来、２０２３年度まで、36年間、秀林外語専門学校で学び卒業した学生数は累計４０３７名である。卒業生は日本、韓国、中国、ベトナムの東アジア地域の出身がほとんどであるが、彼らは卒業後、日本の大学に進学する者、日本企業に勤める者、帰国する者、なかには、他の国に留学する者もいる。すなわち世界を舞台として働く、グローバルなマインドを持った人材、国際社会で貢献できる人材を送り出している。

秀林日本語学校設立

金井学園は引き続き、２００１年に東京都墨田区両国に秀林日本語学校を設立した。主としてアジア諸国から留学生を受け入れ、日本語の基礎教育を行うことを趣旨とし、日本語の能力を高めるための学習を行う。

外国人学生を対象に日本語を教えるという語学学校である。入学当初の日本語の能力が千差万別

学園役員や卒業生に囲まれて感無量な金煕秀理事長

であることから、教育成果を有効に達成するために、新入生全員に日本語能力試験と面接を実施して、習熟度別のクラス分けをし、日本語能力に応じたクラスを編成して日本語教育を行う。また、授業内容においては、初級、中級、上級レベルのクラスおよび大学等への進学を目的としたクラスなどを設け、体系的、目的別に日本語を習得させ、併せて日本の歴史や文化などの専門知識を習得できるようにしている。

そして、日本語教育以外にも、生活や将来の進路などについて相談できるように、クラス担任制を設け、教師が気軽に学生たちとコミュニケーションできるようにしている。

日本語学校開設当時は、入学定員140人、総定員280人だったが、入学定員280人、総定員360人に増加した。

秀林日本語学校だけでなく、併設の秀林外語専門学校（現在の「専門学校　デジタル&ランゲージ秀林」）には、外国からやって来る学生が多いことから、彼らの日本での住居問題解決は大きな課題である。その解決策として、２００５年に東京都墨田区立花に学生寮「ウィークション立花」を開設した。７階建、１Ｋ（54室）で、キッチン・バス・トイレ付。各部屋に冷暖房、ベッド、冷蔵庫などが完備され、自転車置き場、談話室、コインランドリー、Wi-Fiなどが設置された近代的な生活環境の住居を提供している。管理人も常住している。

そして、２００７年には、東京都墨田区両国に学生寮「ウィークション両国」を開設した。５階建、１Ｋ（40室）。設備などは立花寮と同様。秀林日本語学校校舎に隣接している。このような住居問題の解決は外国からの学生だけでなく、地方から集まる日本人学生にとっても大きなメリットがある。

〈表６-１〉日本語コース及び修業期間

コース	修学期間	入学時期
大学等進学A	1年	4月
大学等進学B	1年6カ月	10月
大学等進学C	1年9カ月	7月
一般日本語A	1年	4月
一般日本語B	1年6カ月	10月

秀林日本語学校が開設してから、２０２３年度まで１２１８人の学生が巣立った。卒業してから、大学、大学院、専門学校などに進学する者、日本の企業に就職する者、学業を終えて帰国する者など多様である。

倒産寸前の学校再建

学校法人金井学園は、創立者金熙秀の教育理念に基づき、1988年に秀林外語専門学校を設立した。金熙秀が設立当初から2004年まで理事長職を務め、設立準備の段階から金熙秀を陰で支えていた申景浩（国士館大学教授）が2005年から第2代理事長に就任し現在に至っている。金熙秀は韓国中央大学理事長（1987～2008年）を務めていたことから、設立当初は、学校経営が鄭東鎬本部長を中心に運営された。

金山政英初代校長は1997年に退任し、1997年から辻村敏樹元早稲田大学教授が第2代校長に就任した。1999年に金東俊元麗澤大学教授が第3代校長に就任し、2002年から金熙秀理事長が校長を兼務した。

1991年3月から93年10月まで日本において起こったバブル崩壊期に遭遇し、日本経済が低成長を余儀なくされるなか、そのあおりを受け、学園経営も厳しい状況に陥った。回復する暇もなく、さらに1997年からはじまるアジア通貨危機の影響を受け、アジア諸国からの留学生を対象とする外国語学校としては最悪の時期を迎えた。大多数の在校生は帰国を急ぎ、新入生は日本留学をあきらめる状況となり、教室に学生がいない空っぽの時もあった。

1999年に秀林外語専門学校教員として赴任した細谷陽吉秀林外語専門学校副校長は当時の状況を振り返ってこう述べた。

「秀林の亀戸校に入った頃は、アジア通貨危機で韓国の留学生が激減し、代わって中国人留学生で教室が溢れるようになっていました。その頃の留学生たちは、肉体的精神的たくましさや人間関係の濃密さといった、東京で暮らしている私にとって忘れかけていたものを思い出させてくれる人々でした。上級クラスの韓国人学生さんからは、教員のレベルを確かめるような鋭い質問が投げかけられて鍛えられました。ＪＬＰＴ（日本語能力試験）が近づくと夜11時ごろまで、７階の大教室が満員になるくらい試験勉強に精を出していました。（中略）２００１年に両国に秀林日本語学校が開校すると、主任教員として配属され、１クラス10人にも満たない状態でしたが、翌年には韓国人学生と大連からの中国人学生が入学して、ようやく２クラスになりました。その頃同僚だった中野道生先生とは、あれこれ悩みながら授業をし、学生さんたちと高尾山に登ったりしました。まだ体力がありましたね」

（『秀林外語専門学校創立30周年記念誌』より）

１９９７年７月にタイで発生したアジア通貨危機が韓国にも伝播した。金泳三（キムヨンサム）政権は同年11月、ＩＭＦに救済資金として２００億ドルを要請した。韓国政府とＩＭＦが協議のすえ、ＩＭＦは史上最大規模の２１０億ドルの融資実施を決定した。それと合わせて、世界銀行から１００億ドル、アジア開発銀行から40億ドル、日本、米国をはじめＧ７などから総額５５０億ドルほどの緊急支援を受けた。それと引き換えに、韓国はＩＭＦ体制下に入ることになった。後継の金大中政権がＩＭＦの指導を受けながら金融改革や財閥改革などの各種改革を積極的に推進し、２００１年８月にはＩＭＦから借りた１９５億ドルをすべて返済してＩＭＦ体制から解放された。予定より３年ほど早く償還した。

しかし、韓国におけるＩＭＦ体制は、金熙秀にとっては凶事の到来だった。韓国内にある金熙秀の事業体は台風の襲撃の如く直撃を受け、倒産に追い込まれた。その前に、日本にある不動産がバブル崩壊の影響を受け、金井企業所有の不動産のほとんどが整理回収機構（ＲＣＣ）に押さえられた。34棟のビルを所有し、数千億円の資産価値と評価され、不動産財閥とまでいわれた金熙秀が、１９

秀林外語専門学校入学式（左から４人目が申景浩理事長兼校長）

90年代には「張り子の虎」となってしまった。日本で残った経営体といえば、学校法人金井学園の秀林外語専門学校と秀林日本語学校だけだった。しかも両校は創立以来、赤字経営が続いていた。秀林外語専門学校設立の時、借入した3億5000万円の借入残金が3億1000万円あった。韓国中央大学からは秀林外語専門学校の処分を要求する意見さえあった。しかし処分するにしても、閉校に伴う、教職員の退職金などの諸費用を支払う見通しがまったくなかった。金熙秀は全くお手上げ状態となり、学校設立準備の段階から影のように付いて回っていた申景浩に日本における学校経営の権限を委譲した。

申景浩は、学校設立準備委員として設立当初から仕事を手伝い、学校が設立すると、カウンセラー、韓国語講師、教務課長、副校長として働いていた。まず学生を集めなければならないと考えた申景浩は学生募集のために、中国やベトナムを走り回ってがむしゃらに学生を集めた。その実績が評価され、金熙秀は名実ともに経営の第一線から退き、申景浩がその後継者として2005年から学校法人金井学園第2代理事長に就任した。同時に、秀林外語専門学校長と秀林日本語学校長を兼任した。こうして申景浩は、金熙秀の後継者となり、厳しい経済状況の下で学生がほとんど帰国してしまい、学校存廃の危機に直面した秀林外語専門学校および秀林日本語学校の再建に尽力した。そして借金返済が急務であったことから、私学共済事業団の助成金制度など公的資金を活用するとともに、持ち前の決断力、推進力、行動力が功を奏し、海外からの新入生を集め、堅実な経営の基盤を固めた。さらなる発展を目指して目下奔走している。

グローバル化時代、国際経済のなかで重要な地域と言えば「東アジア」。なかでも日本、韓国、中国の連携は日々変化している経済の発展に大きな影響があり、なお重要である。特に、中国は無限の可能性を秘めており、成長の柱となっている中国に関心を持たなければならない。これまで日本と韓国において培ってきた教育システムや教育メソッドを中国という大きな市場に拡大していく必要を感じ、2008年4月、中国東北地方の中心都市である大連に秀林中国大連校を設立した。

大連校では、秀林外語専門学校日本語学科のシラバスと同じものを提供した。それが日本留学を希望する中国学生から大きな評価を受けるようになった。

学校法人として、日本、韓国、中国に拠点をおくことは当時としては先駆的であった。学校法人金井学園としては、金熙秀理事長時代を創立期と見るならば、申景浩理事長時代は再建期として位置付けられるのであろう。

秀林外語専門学校創立30周年記念シンポジウム

２０１８年は、秀林外語専門学校設立から30周年になる記念すべき年であることから、30年間を回想し、教育機関としての未来を創り出す節目にするための記念シンポジウムが行なわれた。冒頭、申景浩理事長兼校長は創立30周年を迎えるにあたって挨拶した。

本校は１９８０年代、国際化の到来とともに海外の国・地域とは、ありとあらゆる面でつながり、交流を深めてきている時に、その将来を担う人材の育成が期待されることから、開校しました。本校の教育に対する使命と熱意のもと、生徒・教職員が心を一つに、高い志を掲げて、努力することにより、めざましい成果を上げ、有名校や伝統校をしのぎ、年々優秀な人材を世に送り出してきました。

振り返ると、大変厳しかったのは、１９９７年アジア通貨危機の韓国がＩＭＦ経済制裁下にあった時は、教職員に給料を払えず、廃校しようにもお金がなくてできなかったほどでした。また、幾度にもわたる東アジアの日中関係・日韓関係、国際関係における諸問題の時もあります。さらに忘れることができないのは、２０１１年の東日本大震災です。これらのことでほとんどの在校生は、本国へ帰り、日本への留学もかげりが見えつつありました。そして、本校は、どういう学校を目指せばよいか、悩み、苦しみ、議論をした時期でもありました。

最後に本校がこのように成長を続けてこられたのは、教職員の皆様の献身的な努力があったことで大変力になりました。また、理事、評議員の役員の方々による沢山のご協力があったことも忘れません。

学校法人金井学園理事・元参議院議員・内閣官房参与の荒井広幸は、「日本と各国との人と人との橋渡し役として益々貢献されますようご期待申し上げます」と祝辞を述べた。

引き続き、6人の講師による講演が行われた。まず、東京学芸大学李修京（イスキョン）教授が「在日韓国人の母国への教育・奨学事業への貢献について」と題して講演した。

長年にわたって儒教文化と家父長制が根強く存続してきた祖国は、日本に植民地にされた。旧習と貧困と弾圧の空間から逃れて支配国日本に渡った初期在日コリアンは、皮肉にも支配側の異文化に対する偏見・差別に晒されながら個々人の栄達よりは民族や祖国の発展を強く意識し、望郷を胸に、故郷に錦を飾りたいという夢を抱きつつ、がむしゃらに生きてきた人たちである。

日本の敗戦によって、祖国が日本から解放されると、在日コリアンの多くは祖国への帰国準備をはじめた。しかし、当時の祖国の不安定な社会状況、同族間の戦争による未曽有の犠牲と廃墟と化した祖国の現実をみて、帰国をあきらめ、日本に残り生活基盤を作ったものもいた。

厳しい環境に耐えながら企業を起こし、社会的・経済的基盤を構築した在日コリアンのなかには、祖国の発展に貢献したいという意識から、奨学事業や教育支援などを行なう篤志家たちがいた。その一人として、秀林外語専門学校と秀林文化財団を設立し、韓国中央大学理事長を務めた金熙秀をこの本では取り上げている。

熙秀は、破綻寸前だった韓国中央大学の理事長に就任すると、私財1000億ウォン（約180億円）を超える巨額を投じて経営を立て直し、韓国有数の私立大学に成長させた。特に、韓国の地方から来た学生たちのために寄宿舎を増設し、奨学金を大幅に増額し、世界に飛躍できる人材育成を心がけて21年間、献身的に中央大学の発展のために尽力した。これは金熙秀が残した功績である。

しかし、韓国の高等教育政策の大転換期に韓国の政治や経済・社会・文化に教育が複雑に絡み合っている韓国特有の人脈構造を熟知せず、教育に対する熱意だけで臨んだ結果、原則主義者の金熙秀の期待通りには進まなかった面もあった。

次の講演者永野慎一郎（大東文化大学名誉教授）は、「秀林創立者金熙秀の哲学と人生観―正直と信用」と題して講演した。

韓国東義（トンウイ）大学李京珪（イキョンキュ）教授は「東喬（トンギョ）金熙秀先生の人生から学ぶ」と題して講演した。

在日社会で羨望の対象になるほどの屈指の在日同胞事業家として成功した金熙秀は企業家の人生には満足しなかった。金を貯えることよりもっと大切なことは祖国の人材育成のための教育事業だった。その頃、途方もない借金を抱え込み、経営難に直面した韓国の代表的な私立大学の中央大学の借金を肩代わりし、学校の正常化と発展のために巨額の資金を惜しむことなく投じた。

しかし不運にも、韓国のＩＭＦ通貨危機と日本のバブル経済の崩壊が重なって、金熙秀の経営母体が危機に陥り、中央大学への資金的な支援が厳しくなり、中央大学理事長就任当時、約束したマスタープランが予定通り進まなかった。すると、中央大学の教職員、学生、同窓会などから財団への不信と憶測が乱れ飛ぶなど正常な経営が困難な状況となった。あれほど渇望した人材育成に対する彼の信念は周辺の背信と陰謀のなかで崩れることになった。結局、経営権を斗山グループに引き渡すこととなる。それでも金熙秀は人を責めたり、恨んだりしなかったとその人間性を評価した。

韓国韓南（ハンナム）大学林永彦（イムヨンオン）教授は、「金熙秀先生の経営戦略と起業家精神」と題する講演で、次のようにまとめた。

第一に、金熙秀は1947年に金井洋品店を開業したが、終戦後の物資不足時代に洋品店開業は事業家としての卓越した予知力をもった事業家の気質を示した。

第二に、金熙秀の経営哲学は、「正直と信頼」を武器として、事業の成功を日本人の差別に対する事業的復讐手段とした。絶え間ない挑戦と不屈の起業家精神、革新的なマインドで実践した企業家だった。

第三に、金熙秀の経営哲学は「節約、内実、合理、信頼」をモットーとして、「お金だけを追って事業をすれば皆不幸になるが、皆の幸せのため働けばお金は自然についてくる」「私の利益より顧客の利益を優先する」ということであった。

第四に、金井企業は土地や建物を売買して利益を上げることはせず、自己管理と経営管理を徹底することで利益をあげ、その収益で教育事業や文化事業を通じて社会貢献した。

第五に、金熙秀の経営哲学である「空手来空手去」は財産より人間尊重を標榜している。金熙秀が生前所有していたビルや大学などの痕跡はすべてなくなっても、彼の経営哲学や企業家精神は人々の心に刻まれていると指摘した。

『中小企業 Today』発行人の朴鐵義（パクチョリ）は「金熙秀先生が残した無所有の生き方」と題して講演した。

学校法人中央文化学院（現在の中央大学）任哲淳理事長が何度も来日し、中央大学の経営権を引き取って欲しいと訴えた。すでに中央大学は回復不可能な植物状態同然だった。当時、中央大学年間予算は200億ウォンだった。しかし、負債は713億ウォン（約129億円）に達するなど、経営状態は深刻だった。大学職員4年分の給料に相当する負債額だ。こんな状況で金熙秀は中央大学買収を決めた。家族はもちろんのこと、知人たちもこの決定を考え直すよう説得したが、熙秀は自分の考えを曲げることはなかった。学校の施設は荒れ果てており、学校当局と職員との間には激しい葛藤があった。前理事長の不正問題もあり、何よりも教職員のあいだには敗北主義がはびこっていた。

このような状況を見て、金熙秀はそれまでに貯めた現金を吐き出し、土地やビルなどを担保に融資を受け、中央大学が抱え込んでいた負債をすべて返済した。負債リストには偽手形や財団関係者のサラ金からの借金なども含まれていたが、それらもすべて返済した。度量の大きい決断だったと評価された。こうして金熙秀は1987年9月12日、中央大学の財団理事長に就任した。

朴鐵義は「もし当時の金熙秀理事長が中央大学を買収しなかったらどうなったのだろう。極度の社会的混乱期を乗りこえて生き残ることができたのかは誰も分からないだろう」と述べた。金熙秀は理事長就任後、まず貧しい学生のための寄宿舎を建て、図書館を拡張し、体育館、実習室など教育環境改善に尽力した。また、教職員の給料を上げ、学生会館、電算センター、芸術学部増築工事をはじめ、大学再建のために理事長在任中に数百億円を注ぎ込んだ。中央大学は金熙秀理事長のもとですべての債務を清算し、名門大学として再飛躍の基盤造成ができた。

しかし、その最中に韓国ではIMF通貨危機が発生し、日本ではバブル経済が崩壊するなど、金熙

秀林外語専門学校創立30周年記念シンポジウム参加者たち

シンポジウム参加者たちの創立者墓参り

シンポジウム参加者たち金熙秀胸像を囲んで記念写真

秀にも予想外の危機が襲って来た。日本の不動産を担保に融資を受け、さまざまな要求を受けいれて、大学施設拡張に投資したのが裏目に出た。人材育成という固い信念で学校経営に邁進する金熙秀の周辺には裏切りと陰謀が付きまとっていたので、この危機を彼は乗り切ることができなかった。中央大学卒業生の一人は「もし、中央大学の全教職員がもう少し我慢し、金理事長の考え方を尊重していたら、今の中央大学は質的にも量的にも、相当変わっていただろう」といい、「80年代、90年代の中央大学同窓と教職員は、故金熙秀理事長に大きな借りがある」と言っていたことを紹介した。

『KOREA TODAY』編集長盧治煥は、「クッパ一杯の小さな巨人金熙秀、教育の計、韓民族1000年の計を志した巨人」と題して講演した。

金熙秀は日本で定住しながら、あらゆる蔑視や差別を乗りこえ、一生をかけて稼いだお金を祖国の未来のための教育や文化事業に投資した。しかし、生前の日本ではケチと呼ばれ、祖国の韓国でさえ金熙秀の功績は認められず、投資に失敗した在日事業家という認識のまま忘れられていた。中央大学財団の引き受け、秀林財団の設立に続き、「文化の花が咲く大韓民国」を志して秀林文化財団を設立した。その金熙秀は、一筋の光も名誉も与えられることなく、母国の異質的な風土の犠牲になって消えゆく魂となった。

生前貯めていた全財産と自分のすべてを祖国に捧げたにもかかわらず、この地に金熙秀の名前が刻まれた石碑一つもない。また、彼の名前や業績を覚えている人すら少ないのが現実である。彼は、帝国の建設も、名を残すことも、名誉を授かることも出来なかった。ただ、祖国の地に教育と文化帝国への「希望」という種を残したと評された。

創立30周年記念シンポジウムで行なわれた講演内容を抜粋して紹介した。

(『学校法人金井学園秀林外語専門学校「創立30周年」記念誌』2019年より)

課外授業：創立者金熙秀フォーラム

学校法人金井学園を創立した金熙秀の軌跡を理解し、教職員と学生、または学生同士の親睦をはかることを目的として、秀林文化財団の後援を受けて、2019年から「創立者金熙秀フォーラム」が開催された。

第1回フォーラムは、2019年9月28〜29日、1泊2日のスケジュールで教職員や学生など30余名が参加した。マイクロバスに乗り合わせた一行は、まず、東京都立八王子霊園にある創立者金熙秀の墓参りからはじまった。韓国風の祭式に初めて体験する学生たちは興味津々だった。墓参りの儀式も国によって違うので、参加者たちは文化の相違を感じた。

墓参りを終えて、さきたま古墳公園やさきたま史跡の博物館などを見学した。さきたま古墳公園には、「埼玉県名発祥の地」という碑があり、「埼玉」が県の名称となった経緯が書かれている。公園近くには「前玉神社」があり、その住所は、「埼玉県行田市埼玉」となっている。前玉（さきたま）から「さいたま」になったという歴史を知ることができた。

「雲海とアジサイの宿」と言われている「いこいの村ヘリテイジ美の山」に到着。秩父・長瀞の山々を見渡す絶景の景色を堪能し、夕食後、メイン行事である中景浩校長の講演がはじまる。

中景浩校長は、創立者金熙秀の経歴を紹介し、金熙秀との関係や秀林の未来ビジョンなどについて話した。

２日目の29日は、長瀞の名物である「長瀞ラインくだり」を楽しみ、高麗神社を見学して、充実した１泊２日のツアーを終えて東京に戻る。

高麗神社について紹介しよう。

朝鮮半島北部にあった「高句麗」が６６８年に「唐」と「新羅」の連合軍に征服され滅びる。その時、若光という人物が高句麗から派遣された使節団の一員として渡来した。大和朝廷は７１６年（霊亀２年）に駿河（静岡）、甲斐（山梨）、相模（神奈川）、上総・下総（千葉）、常陸（茨城）、下野（栃木）の七国に散在している高句麗からの渡来人１７９９人を武蔵国に移し、「高麗郡」を創設。若光が郡長に任命された。若光は郡内の高麗人を指揮し、未開の野原の開拓にあたる。若光の没後、郡民はその徳を偲び、その霊を祀り、高麗郡の守護神としたと伝えられている。若光の子孫である高麗氏は、

1300年、60代にわたり、家系血脈が続いており、若光の末裔が現在も宮司を勤めている。

第2回金熙秀フォーラムは、2020年9月5～6日に行われた。新型コロナ感染が拡大している時期ではあったが、学生16人と教職員4人が参加した。まず、八王子にある創立者金熙秀の墓参りから始まり、高麗神社、ムクゲ（韓国の国の花）自然公園、長瀞ライン下りの見学・観光コースに加え、前東京韓国学校長金得永先生の「武蔵国と古代朝鮮渡来人との関連性について」の講演があった。

第3回金熙秀フォーラムは2021年6月26～27日。学生15人と教職員6人が参加した。

この時は、コースとスケジュールを少し変え、宿所の「ニューサンピア埼玉おごせ」（秩父）に行き、参加者の自己紹介から始まる。自国の自慢できること・留学の目的・将来の夢などを一人2分程度で話す。引き続き、秀林の卒業生で、目白大学外国語学部韓国語学科教授・金敬鎬（キムキョンホ）先生の「秀林の先輩から後輩へエールを！」と題して講演。講演後、4つのグループに分かれて、夕食後にディスカッションを行なった。翌日、高麗神社や聖天院など見学し、帰りは八王子の創立者・金熙秀の墓参で締めくくった。

第4回フォーラムは、2022年6月18～19日に行われた。学生15人と教職員7人、講師とゲストを含めて24人が参加。創立者の墓参りからはじまり、聖天院（しょうでんいん）・高麗神社、聖（ひじり）神社、さきたま古墳公園などを見学。秩父のHotel Union Vertで宿泊。一橋大学大学院法学研究科 権容奭（クォンヨンソク）准教授が「新渡来人と韓国のソフトパワー」と題して講演。

第5回フォーラムは、2023年6月10～11日、学生23人、教職員6人、秀林文化財団から3人、講師を含め総勢33人が参加。亀戸を出発して、さきたま古墳公園、荒川ライン下り、聖神社・和同開弥を見学して、宿所のHotel Union Vertに到着。東北大学李仁子（イインジャ）准教授の「日本を生きながら地域を飼い慣らす一在日コリアンの職員の事例から」と題する講演があり、翌日は、聖天院や高麗神社を見学。八王子霊園の創立者金熙秀の墓参を行なった。

学校創立者の教育理念を知る上で、創立者がどのような人物であり、どのような教育理念を持ち、どんな人生を歩んできたかを知ることも重要なことだ。そのために創立者の墓参りからはじまり、韓国出身である創立者とのかかわりのある古跡などを探訪し、東アジアの歴史と文化の交流について専門家の話を聞くという企画である。日本、韓国、中国、ベトナムなど、異なる国から異なる歴史と文化をもち、異なる生活習慣をもって成長した若者たちの参加だっただけに、彼らの受けた反応も様々である。しかも訪問先の埼玉県秩父地方は自然豊かで、東アジアと密接な関係のある古跡も数多くある。自然に直接触れ合い、歴史的な場所を見学し説明を聞くことで理解が深められた。その上で、一緒に寝泊まりし、ともに行動しながら、国籍を超えて学生同士、そして師弟間で親しく話し合うことにより、文化の違い、風俗習慣の違いをお互いに理解し、認め合う良い機会となった。多様な生活様式、多様な歴史文化を知ることで、国際人となった気分を感じさせた時間を過ごしたことであろう。

課外授業参加者の感想文

ここでは、第1回、第2回、第4回参加者たちの感想文からいくつか選んで紹介する。

樫本雅（かしもとまさし）（日本、秀林外語専門学校日韓通訳・翻訳学科）：フォーラムに参加して、行ったことのないところに行き、やったことのないことができて、とっても良い経験になりました。学校で習った古墳に初めて行って、登ってみて上からの景色を見たら、家がすぐ隣にあって驚きました。周りは森ばかりだと思っていたので初めて知ることができました。ライン下りが一番楽しかった。

韓成志（カンセイシ）（中国、秀林外語専門学校日韓通訳・翻訳学科）：1泊2日は短かったけれど、普段できない学生同士の交流は、「ご縁」を感じ、秀林の歴史を知って「力」が湧いた！　ベトナム、日本、韓国、そして中国の学生同士が一緒にご飯を食べたり、寝たり話したりするという交流で、お互いの国の文化などを知りました。外国人の友だちに出会ってよかったです。楽しい時間を過ごしました。

フン・ティ・ミ（PHUNG THI MY、ベトナム、秀林外語専門学校日越通訳・翻訳コース）：今回のフォーラムはいろいろなことを身につけるだけでなく、日本、韓国、中国の学生と交流して、笑いを浮かべて親しい友だちになりました。この1泊2日は短かったですが、貴重な体験ができ、自分の成長に繋がったと思います。本当に有難うございました。

謝恵宇（シャエウ）（中国、秀林外語専門学校日中通訳・翻訳学科）：フォーラムに参加して、自分の視野を広げ、自分の知見も増えました。そして、参加者が一つのグループになりました。高麗神社では、雄大さに感銘し、保存状態にも感心しました。歴史古跡の解説には興味がありましたが、専門の解説用語が多くて聞き取れて理解できるところは多くありませんでしたので、その点は残念でした。

チャン・タイン・クアン（TRAN THANH QUANG、ベトナム、秀林外語専門学校日越通訳・翻訳コース）：私が特に印象に残ったことは、長瀞のライン下りの体験である。景色が本当にきれいでした。私はベトナムの中部で育ったので、故郷と似た景色をみて、家族のことを思い出してなつかしい気持ちになりました。フォーラムは、私の人生を成長させる体験でした。

高石梨花（タカイシリカ）**（日本、秀林外語専門学校日韓通訳・翻訳学科）**：高麗神社では、上皇・上皇后陛下が高麗神社を訪れたときのエピソードなど貴重なお話をお伺いすることができました。この2日間で日本に居ながらも普段は体験できないことをたくさん体験できました。留学生の方々とも話をしたりして、新しい出会いや新しい発見が沢山あった2日間でした。

孫懿（ソンイ）**（中国、秀林日本語学校日本語学科）**：今回の交流会を通して、私は学校の歴史や、日本と韓国の文化を沢山知っただけでなく、新しい友だちと交流して、異文化を共有しているのを感じました。とても意味のあるイベントに参加させてもらい、感謝しています。宿泊の夜は星空が見えなかったので、とても残念でしたけれど、部屋で皆さんと一緒に過ごした時間、皆さんの笑顔とお話しは私の貴重な思い出になりました。これこそ私の記憶の星空になりました。

木村汐里（きむらしおり）**（日本、秀林外語専門学校韓国語ビジネスコース）**：まず、はじめに、創立者の墓参りをしました。韓国式の墓参りは初めての経験でした。お酒を飲み、お供えしたものを食べることに驚きました。校長先生が亡くなった人と同じものを食べるという意味だと教えてくださって、墓参りだけでもその国によって色んな考え方があると思いました。高麗神社では宮司さんから高麗神社の歴史について説明を受けました。今まで地名の由来はその土地の自然環境などから全部つけられたと思っていたけど、埼玉県には朝鮮からの渡来人が多く、朝鮮由来の名前が付けられたということを初めて知りました。学校の歴史で地名の由来について学ぶことはあまりないので、地名を調べることで、日本や色々な国の歴史をもっと詳しく知ることができるということが分かりました。

出口[でぐち]**なつみ（日本、秀林外語専門学校日韓通訳・翻訳コース）**：フォーラムに参加して、特に印象に残ったのは、韓国式墓参りと高麗神社です。墓参りでは、敬拝や供物、どれも日本と違い、文化の違いを知ることができました。高麗神社では、ちゃんとした説明を聞きながら参拝するのは初めてだったが、正しい作法や神社の歴史について詳しく知ることができました。宮司さんの説明によって、高麗家の住宅では、天井で養蚕をしていたことや、お産をするための場所があることなど、昔の暮らしについても知ることができました。

グエン・ティ・フィ・イエン（NGUYEN THI PHI YEN、ベトナム、秀林外語専門学校日越通訳・翻訳コース）：日本でもっとも美しい自然の風景の一つ、埼玉のことをよく耳にしますが、今回初めて訪れました。1泊2日で貴重な体験をし、沢山学びました。日本での墓参りは初めてでしたが、ベトナムでは、墓は非常に大きく、洗練されています。日本では小さくシンプルでした。八王子の小さな丘に墓が奇麗に並んでいました。新鮮な空気、澄んだ青い空は墓参りに適していました。また、韓国式の墓参りの儀式がベトナムとは違うやり方で、文化の相異を感じました。高麗神社では日本の歴史だけでなく、韓国の歴史も学びました。夜はみんなと一緒に日本食を食べ、お酒を飲んだり、一緒に温泉に入ったり、勉強について話し合ったりして、短い時間だったが、楽しいひと時でした。

ドアン・ズイ・アイン（DOAN DUY ANH、ベトナム、秀林外語専門学校日越通訳・翻訳コース）：校長先生は私に「努力と夢」を言いました。その言葉を永遠に忘れません。そして、フォーラムに参加し、学ぶことができた二つの素晴らしいレッスンです。第一に、生活するなかで嬉しいこともあり、寂しいこともある。困難なこともある。何があっても成功するためには諦めないことであると思います。もっと頑張ってください！　という意味と思います。第二に、私たちは自分のためではなく、世界のコミュニティのために生きています。このことは、忘れません。

タ・トゥイ・ハン（TA THUY HANG、ベトナム、秀林外語専門学校日本語ビジネスコース）：最初に、東京都立八王子霊園に行って、創立者金熙秀先生の墓参りをしました。韓国式の墓参りを初めて体験しました。金熙秀先生のお陰で秀林で勉強できていることに感謝しました。次に、高麗神社訪問し、宮司さんから神社の歴史や参拝の仕方を学びました。神社の鳥居を通るときは、中央を歩いては行けないことを知りました。鳥居の真ん中は神様の通り道だからだそうです。それから、お祈りして、絵馬に願いごとを書きました。私は、勉強と就職のこと、家族みんなが健康であることを願って、絵馬を書きました。

趙珩（チョウハン）**（中国、秀林日本語学校）**：アジアの文化は中国に起源しますが、日本と韓国は文化の発展にすべて自国の特色と魅力を持っています。それぞれの国の文化は時間の流れの中で、互いに溶け合い、影響し合っています。長い歴史の中で、至るところに美しい物語と幸せな結末があると思います。

董琴濤（DONG QINTAO、中国、秀林日本語学校）：今回のフォーラムを通して、私はたくさんの新しい友たちと知り合いになりました。異なる国から来た人たちが2日間の付き合いでとても良い友人になりました。交流を通じて友情が深まりました。また、他国の文化に対する理解、異文化交流も深くなりました。これは貴重な経験です。そして、古跡や文化財を沢山見て、日本と東アジア諸国の繋がりを感じました。東アジアは文化、風俗、歴史において密接な関係にあります。

「新渡来人」である私たち若い世代が東アジア平和の重荷を担うべきであり、東アジアの恒久平和のために自分の持っている力を捧げなければなりません。

チュオン・ティ・ハ（TRUONG THI HA、ベトナム、**秀林外語専門学校日越通訳・翻訳コース**）：フォーラムに参加して、いつも厳しいと思っていた先生方が優しい方たちだと分かりました。学生たちと一緒に山登りし、食べながら楽しく話しするなど、仲良くなれて、嬉しかったです。さらに、日本文化の体験と多文化の交流もあって、いろいろ勉強になり、知識を得るチャンスだと思いました。貴重な機会でした。

ソルコフ・ディルショド・シロジディノヴィッチ（SOLEKHOV DILSHOD SIRODDINOVICH、ウズベキスタン、**秀林外語専門学校日本語ビジネスコース**）：フォーラムに参加して、たくさんの学びがありました。創立者金熙秀先生について話を聞きました。先生はお金持ちになっても自分だけじゃなく、他の人たちにも利益をもたらすために人生の最後まで立ち止まらないで、活躍されたことを聞き、すばらしいことだと思いました。

また、日本と韓国の文化と歴史についても知ることができました。私は、中央アジアのウズベキスタン出身ですが、わが国とはかなり違います。まず、宗教が違います。ウズベキスタンはイスラム教の人が多いです。イスラム教徒はモスクに行って毎日5回お祈りします。神社では両手を合わせてお祈りしますが、イスラム教はコーランを唱えながらおじぎし、正座して床におでこをつけたりします。墓参りのやり方も違います。

佐藤佑衣（**日本、秀林外語専門学校韓国語コース**）：二日間の活動を通じて、韓国の墓参りの方法と韓国の歴史や文化、創立者の生き方や教育理念、古代から現在までの日韓関係などを学びました。権先生の講演で、韓国文化とK–POPのつながりを知ることができました。最近日本では、ほとんどの若者がK–POPを聞いていて日本だけでなく世界的に大人気なので、なぜそんなにK–POPが人々から注目を集めているのか知ることができ、私の周りでもK–POPが好きな人がとても多いので大変興味深かったです。そして秀林の創立者金熙秀先生についても知ることができました。金持ちにもかかわらず、他人のために人生の最後まで慈善事業を続けていたことは素晴らしいことだと思いました。私も将来の夢に向かって韓国語の勉強を一生懸命に頑張りたいと思いました。

「専門学校デジタル&ランゲージ秀林」に学校名変更

1988年の秀林外語専門学校設立以来、東アジアをめぐる国際関係の変化、日本経済のバブル崩壊、アジア通貨危機、韓国のIMF体制、東日本大震災発生など、度重なる紆余曲折のなかで、外国語教育の環境も変わり、変化に対応できる新しい教育体制が求められた。

このような時代の変化に対応し、時代を先駆けする人材育成という教育方針から、2023年4月より学校名を秀林外語専門学校から『専門学校デジタル&ランゲージ秀林』(略称DLS)と変更した。そして、デジタルプロフェッショナル学科を新設するとともに、従来の日韓通訳翻訳学科を「韓国語学科」に変更し、日中通訳翻訳学科と情報ビジネスコミュニケーション学科を統合して「ビジネスコミュニケーション学科」を設置した。

韓国語学科は、韓国語コースと韓国語・ITコースを設け、語学だけでなく、ITスキルを身に付

2023 年度卒業式で祝辞を述べる申景浩校長

金井学園理事・評議会

けることで、韓国系IT企業への就職をめざしている。在学中にITパスポートやPython 3エンジニア認定基礎試験などの資格を取得し、システムエンジニア、Webエンジニア、社内システムエンジニアをめざす。

韓国語能力をさらに高め、韓国の文化に直接触れる機会を与えるために、韓国協定校における「語学研修」（夏休み中の2週間：2単位）を行い、また、IT先進国である韓国のIT開発現場を訪問し、実務経験を得るために、韓国IT企業または、在日韓国IT企業での「IT企業研修」（2週間）を推進している。

2023年現在の協定校は、ソウル市立大学、国民（クンミン）大学、東義（トンウィ）大学、新羅（シルラ）大学、蔚山（ウルサン）科学大学などだ。ビジネスコミュニケーション学科は、日越通訳翻訳コース、日中ビジネス通訳翻訳コース、日本語ビジネスコースを設けている。これは留学生対象で、卒業後、日本の会社で働くための知識や機能を修得するためのコースである。

新設のデジタルプロフェッショナル学科は、3年間の充実した学習によって、Webシステム開発からAIプログラミングまで、高度な専門スキルが身に付けられる人材育成をめざす。

ノーコード開発ツールなどのデジタル技術を駆使して企業を内部か

〈表6-2〉学科別修業年限・定員数編成表

課程名	学科名	修業年限	学級数	入学定員	総定員
外国語課程	韓国語学科	2年	2	30	60
	ビジネスコミュニケーション学科	2年	10	69	138
	日本語学科	1年	2	40	40
デジタル課程	デジタルプロフェッショナル学科	3年	3	24	72
合　計			17	163	310

ら変革していくＤＸのプロを目指す一方、基本情報技術者試験、応用情報技術者試験、ディープラーニングＧ検定などの資格を取得し、Webエンジニア、ＡＩエンジニア、プログラマー、プロジェクトマネージャー、システムエンジニア、IoTエンジニア、インフラエンジニアを目標とした。デジタルプロフェッショナル学科も「韓国語学研修」と「ＩＴ企業研修」を推進した。

こうして創立者の理念を堅持しながらも、時代の要請に応えるべく変化をつづけている。

金井学園2024年度入学式の記念写真

第7章　韓国の名門私立中央大学再建に尽力

祖国進出の始まり

1987年7月20日、ソウル市庁前の金井（クムジョン）ビル14階で一洋（イルヤン）相互信用金庫移転記念レセプションが開かれた。レセプションには韓国政界関係者など多数の要人が出席した。金東英（キムトンヨン）・金守漢（キムスファン）民主党副総裁、申鉉碻（シンヒョンファク）元総理（三星グループ顧問）など政界有力者をはじめ、歴代国会事務総長などが来賓として顔を揃えた。主催者側の代表である曺秉完（チョビョンワン）一洋相互信用金庫社長が1986年1月まで国会事務次長を務めた経歴から、彼の人脈と見られる。

曺秉完は金熙秀の従弟である。韓国の事情に詳しくない金熙秀は韓国進出にあたって、国家公務員を退職したばかりの従弟の曺秉完に韓国で人材育成のため教育事業を推進したいと抱負を述べ、手伝って欲しいと依頼した。教育事業の土台となる資金運営機関を設立しようとしたとき、一洋相互信用金庫が売りに出されていることを知り、1986年8月末、18億ウォン（約3億4000万円）で買収した。曺秉完が社長に就任し、翌年1月、資本金50億ウォン（約10億円）に増資した。結局、一洋信用金庫に68億ウォン（約13億円）投資したことになる。

当時、一洋相互信用金庫はソウル市瑞草区方背洞（ソチョクバンベドン）に所在していた。活動拠点としては地理的条件が良くないと曺秉完社長は都心への移転を要請した。ちょうどソウル市庁前のニューコリアホテルが資金難で売り出されていた。その話を聞くと、売物を確認してから、場所としては最高だと判断した金熙秀はすぐ交渉をはじめ、即座に買収を決定し、売買契約した。あれだけ慎重な金熙秀がわずか2時間で高価な買物を決断するという手際のよさに周囲の人たちは驚くばかりだった。

ニューコリアホテルはロッテホテルのすぐ傍にあり、プレジデントホテルとソウル・センタービルの間にある要地で、ソウル市庁の真正面にある。買収金額は１１０億ウォン（約20億円）と言われた。25年前に建築した14階建てのこのビルは建築当時、ソウルで一番高いビルだった。

このような要地の売物は滅多に出ないと不動産業者も言っていた。資金で困っていた所有者が急遽売りに出したという話を耳にすると躊躇（ちゅうちょ）せず契約した、金熙秀の不動産に関する優れた感覚によるものであろう。銀座など東京都心でおよそ30棟のビルを建設し、その間、経営手腕を磨き、賃貸ビル業者として成功した金熙秀は不動産に関する手腕を見事に発揮した。

金熙秀は一洋相互信用金庫を買収し営業権を引き受けることで韓国進出の橋頭堡ができた。しかし、彼の韓国での企業経営は決して営利目的ではなく、日本で節約して貯めた資産を祖国での育英事業のための資金に充てるという認識であった。ニューコリアホテルビルは「金井ビル」と名称変更し、ビル管理会社として金井企興（クムジョンキフン）株式会社を設立し、金熙秀は代表取締役に就任した。

したがって、記念レセプションは在日企業家として韓国進出を披露する金熙秀のお披露目の場でもあった。日韓国交正常化以来、韓国に進出し、祖国の経済発展に寄与した在日同胞実業家は数多く存在する。ロッテグループ創業者辛格浩（シンキョクホ）や韓国新韓（シンハン）銀行設立者李熙健（イヒゴン）、そして日本で坂本紡績を設立し、韓国邦林（バンリム）紡績を設立するなど韓国紡績業界の先駆者であり、駐日韓国大使館敷地を韓国政府に寄付した徐甲虎（ソカボ）などの名は広く知られている。

金熙秀は東京の中心地に34棟の賃貸ビルを所有し、不動産財閥といわれ、一躍世間に知られた風雲児の在日企業家であるが、韓国ではその名はまだ知られていなかった。

金熙秀は、世界で最も地価が高いことで知られている日本の東京銀座など主要繁華街に30ほどの賃貸ビルを所有する不動産財閥のトップとして登場した。１９６１年から４０００万円ほどの手持ち資金を持ち、「正直」と「信用」を経営方針に不動産賃貸業を始めた。当初、４０００万円で銀座７丁目に土地は取得したものの、建物の建築費用は用意できなかった。在日韓国人であるとして日本の銀行はどこも融資してくれなかった。ここから学んだ教訓は、「韓国人」または「朝鮮人」は日本社会では信頼されてないという現実だった。なぜだろうかと悩みながら、信頼を獲得するためには、みずからそれを正すために努力することだと考えた。「正直」と「信用」は父親からの遺言のようなものだった。それを忠実に守り、コツコツと資金を貯めた。そして、賃借人から預かっている保証金と毎月の賃貸料を集めて再投資して新しいビルを建て続けた。

創業から20年後には東京銀座を中心に主要都心地に所有ビル13棟、傘下企業5社を率いる金井グループを形成した。当初は韓国人だと見向きもしなかった大手銀行が資金融資を申し出るほどになった。

金熙秀の不動産業の急成長の背景には日本経済の急成長の影響を全面的に受けた幸運も見逃すことはできない。１９６０年代初頭の高度経済成長期、70年代初めの「日本列島改造論」による開発ブーム、80年代後半から90年代初頭にかけて土地バブルによる商業地から始まった地価上昇など、次々とやってくる不動産価格の高騰の時期に運よく遭遇した。不動産価格が上昇したからといって、それを売って売買益を取るのではなく、賃貸ビルとして持ち続け、むしろそれを担保に融資を増やし、東京都心にビルを建て続けた。所有ビルは34棟までに増えていた。

それから、「失われた10年」と呼ばれている１９９１年～２０００年のバブル崩壊期には東京の土地価格は坂を転げ落ちるように下落した。金熙秀もこの影響をもろに受けざるを得なかった。

生涯の夢は育英事業

金熙秀は、北海道などで推進していた植林事業に言及し、「私自身、または息子世代だけ考えると、植林事業は採算が合わない。しかし私は孫の世代、またはその次の世代のための事業だという認識をしている」と述べていた。

日本人も興味を示さない気の長い話である植林事業に関心を持つことになったのは、不動産事業で稼いだお金を「国家的事業」に投資することは慈善事業だという認識からだった。彼の育英事業への関心は植林事業と同様な認識であったかも知れない。

「次の世代に財産を遺すのは人生の〝下〟であり、事業を遺すのは普通の〝中〟である。しかし人材を遺すことは〝上〟で最高の人生である」という名言を残し、一本の木に力を注ぐように、祖国の人材育成のために日本で稼いだお金で教育事業に投資するという意向を機会あるたびに表明していた。教育投資は金儲けが目的ではなく、一種の寄付である。しかし、その成果は金銭価値に表れるのではなく、人材を育成することによって社会への貢献として無限の価値がある。金熙秀は無限の価値の教育理念を持って、育英事業を始めようとした。それがすなわち祖国の発展に寄与する方法であると考えた。

金熙秀は韓国に帰国するたびに適当な教育投資対象を物色していた。彼の教育投資への熱意が伝わると、釜山のある団体から高等学校を設立したいと協力の要請があった。

1983年11月頃、関係者に会って話を聞く機会があった。釜山には金井(クムジョン)山という山があり、そこに金井高等学校を設立しようという提案だった。釜山は故郷の昌原に近く、彼の企業名金井と同じ地名で金井という学校名に興味を示した。

しかし、推進過程をみると、日本でいくつかの会社を立ち上げ、成長させた者として到底納得できるものではなかった。学校を設立するためには、まず学校敷地を購入し、校舎などを建築して設備を整え、教職員を採用してから、認可申請するのが論理的である。ところが、提案者は先に財団を設立し、学校設立認可を受けてから、必要な準備をするという提案なのであった。これはあべこべだろうと疑問を抱いた熙秀はこの話には乗らなかった。

そうかといって、一生一代の事業として教育事業を考えている金熙秀としては、あきらめるわけにはいかなかった。側近たちはソウルで大学経営を考える方が良いのではないかと勧めた。しかし、大学の新設は当時の全斗煥政権が大学新設抑止政策を採っていたため新設は不可能であり、既設の大学の経営を引き受けることもさまざまな障害要因があって、容易には進まなかった。

在日実業家として成功した金熙秀が祖国で人材育成のために教育事業に興味を示しているという噂が広がり、方々からアプローチがあった。S大学、K大学、S専門大学など、いくつかの大学が候補に上っていたが、いずれも事情があり、金熙秀が快く引き受けたいと考える内容の学校は見当たらなかった。そうした大学のなかで特に熱心だったのは中央大学だった。

1986年夏、当時の任哲淳（イムチョルスン）理事長が自ら東京の金熙秀事務所を訪問し、学校法人の引き受けを直接要請した。任哲淳理事長は中央大学設立者である故任永信（イムヨンシン）の甥であり、現役国会議員として政府与党民正（ミンジョン）党の政策委員会議長職にある政界の重鎮であった。当時、中央大学財団は莫大な負債を抱え、危機に直面していたので、その解決策を模索していた。

中央大学はソウル黒石洞（フッソクドン）キャンパスと京畿道安城（アンソン）キャンパスの二つのキャンパスを所有していた。財政難の打開のために任哲淳理事長は二つのキャンパスのうち、ソウルキャンパスだけの経営権の譲渡を打診した。しかし、金熙秀からすれば、一つの大学を二人が別々に経営することは困難であるので、二つのキャンパスの経営権をすべて放棄するのであれば、中央大学の経営権の引き受けについて考えてみると伝えた。その時、任理事長は即答を避けたので交渉は物別れとなった。

危機に直面した中央大学の救援

そのころ、韓国政府関係者から、現在中央大学が非常に危険な状態に置かれているので、経営権引き受けを検討してみないかという申し出があった。

それからしばらくして、中央大学財団傘下の大洲相互信用金庫の変則委託金および告訴事件が発生した。この事件は典型的な私学財団の不正事件で、任哲淳理事長が政治資金に流用したと疑われる36億ウォン（約6億4000万円）の私的資金が別途管理されていた。その資金の出所と用途、そして不正資金を作るために犯した不正入学などに関して数多くの疑惑を呼び起こした。取引銀行は任哲淳理事長が発行した手形を不渡り処分した。その過程で、713億ウォン（約125億円）の学校負債が明るみになった。事件の発覚により、任哲淳理事長は責任をとってすべての公職を辞職した。

1987年8月3日、大洲相互信用金庫事件が有力日刊紙『中央日報』夕刊に報道されると、中央大学関係者だけでなく、一般国民にも大きな波紋を投げかけた。学校法人中央文化学園理事長であり、与党民正党政策委員会議長職にある任哲淳議員が関わっている問題であり、36億ウォンという巨額の秘密資金が管理されていたという事実が社会に衝撃を与えた。中央大学としては、36億ウォンは当時在学生6000人の1学期分の学費に相当する金額だ。しかも財団の収益不振により教職員の待遇改善、学生の福祉施設、奨学制度、教育施設など教育環境の改善などには関心を示す余裕のない状況においてこのような事件が発生した。翌日から、主要日刊紙が一斉に報道した。

事件が明らかになると、中央大学では15学部教授から構成された学部連合が結成された。1980年代半ば以来、韓国の各大学で民主化運動が繰り広げられるなかで、中央大学においても学内民主化を叫ぶ声が次第に大きくなった。各学部から一人ずつ15人からなる財団不正調査特別委員会が組織された。委員会は財団運営の公開、不正入学の公開、選挙に関与した教授や職員の罷免、財団が流用した36億ウォンの返還と資金出所の公開、財団の負債などの公開を要求した。

その過程で、8月26～27日の両日に学校法人中央文化学園がおよそ17億ウォン（約3億円）の不渡りを出した。これを受けて、教育部（省）は迅速な収拾ができなければ官選理事派遣を考慮せざるをえないと発表した。

9月3日、文炳鏶（ムンビョンジプ）総長をはじめ、大学教務委員、同窓会、在学生など1000余名が集まって、収拾対策非常総会が開かれた。同窓会収拾対策委員会は財団譲渡説に関し、設立者の教育理念に合致する人物であれば可能であり、官選理事派遣もやむを得ないという立場であった。非常対策委員会は負債の内訳、不正入学説の真相究明などの問題を提起した。これに対して文炳鏶総長は財団不正の真相究明のためにすべての資料を提供するという誓約書に署名した。

この難局を打開するための方法として良心的な教授たちによる全学教授協議会の結成を急ぐべきだという提案があった。また、学内民主化が先行されてない状況において大学発展はナンセンスであり、総長や学部長の直接選挙制の導入を主張する意見も提示された。

9月11日、教職員、在学生、卒業生の5000余名が参加し、「汎中央収拾対策委員会」が発足した。その翌日、金熙秀理事長の財団引き受けが発表されたが、学内紛糾は終わらなかった。

このような状況において、金熙秀は中央大学財団の引き受けを電撃的に決定した。倒産危機に直面した中央大学財団を引き受けようとした理由は三つあった。

第一に、70年以上の歴史を持つ韓国の有名総合大学が不渡りで大学の門を閉じてしまえば、それは国家的に大きな損失となる。第二に、自分よりももっとふさわしい人や企業が、中央大学を引き受けてくれたならば、当然それに譲歩しただろうが、しかし当時、韓国内のどの企業、実業家、教育者も中央大学を引き取ろうとしなかった。第三に、時期が時期で、やっとの思いで招致したソウルオリンピックを一年後に控え、世界の視線が韓国に向けられている時に、連日行なわれているデモに加え、大学財団の不正などで祖国のイメージを悪くさせてはならない。

当時、中央大学が抱えていた負債は安城キャンパス寄宿舎および図書館建築費を含めて７１３億ウォンに上った。中央大学の1年間の予算が２００億ウォン（約35億円）規模だったことを考えると、７１３億ウォンの負債額は4年間教職員の給料も支払わず、何にもしないでひたすら金を貯めないと返済できないほどの巨額の借金だった。

中央大学理事長就任

9月12日、文教部からの承認を受け、金熙秀は学校法人中央文化学園を引き受けた。財団理事長に就任した金熙秀は財団の負債をすべて返済することを約束し、設立者の建学精神と教育理念を継承し維持すること、学校名と校歌は変更しないこと、第一キャンパス（ソウル）と第二キャンパス（安城）を分離せず、いっしょに育成し発展させること、教職員の身分を保障すること、法人の負債返済の時、医学部筆洞（ピルドン）付属病院に対する担保設定を即時解除すること、大学が借り入れているすべての借入金を即時返済するとともに、進行中の大学施設の建築工事を継続することを約束した。

中央大学執務室　金煕秀、韓国中央大学財団理事長就任

金煕秀は急遽新しい理事会を構成した。新任理事に李在林（理事長夫人）、李伯淳（普通学校時代の恩師、元釜山副市長）、金煜泰（元国民銀行頭取）、孫守益（元交通部長官）、曺秉完（元国会事務次長）、文炳鏶（総長・留任）を指名した。第一回理事会が開かれ、理事長に金煕秀を選出し、曺秉完を常任理事に選任した。

文炳鏶総長の辞職に伴って、新総長として国民大学李在澈教授を内定し文教部に承認を要請した。李在澈教授は戦前京都大学法学部を卒業し、韓国科学技術処次官、交通部次官を経て仁荷大学総長や国民大学総長を歴任した。

それまで教育事業の実績がなく、韓国ではほとんど知られていない在日の不動産業者が倒産寸前の私立名門中央大学の経営権を引き受けたことで大きな話題となった。

金煕秀はどういう人間なのか、政府筋へのロビー活動で多額の金銭が動いたとか、根も葉もない噂だけが飛び広がり、興味本位の新聞や雑誌記事が横行していた。金煕秀は日本経済の成長期に東京都心で手堅い商売として不動産賃貸業を営み、時の運もあって、一躍不動産財閥となった人物である。彼の生活態度が勤倹であることは有名である。自家用車を持たず、電車とバスで出勤する節約家である。そのような金煕秀が全資産を人材育成のための教育事業に投資する覚悟を決め、窮地に陥った中央大学の救済に乗り出した。

祖国への愛情から多額の資金を投資して教育事業に身を投じる金熙秀の志を善意で理解するどころか、中央大学の教職員、学生、同窓会のなかには、金熙秀理事長が構成した理事会および李在澈総長就任に反対する勢力が待ち構えていた。そのような動きがあることは知りながらも、いずれ分かってくれるだろうと金熙秀は受け流していた。

とりあえず、大学が抱え込んでいる借金返済が急務である。想像を絶する金額であるが、日本にある土地や建物を担保にして銀行から融資を受ける形でお金を用意し、前理事長が発行した手形をすべて回収して返済した。

金熙秀はその頃、韓国の社会的風習や行動様式、大学社会の実情などについての知識は全くなかった。ひとえに、日本のように正直と信用でもって対処すればすべてうまくいくものと思っていた。ましてや大学は、真理を探究する最高知識人の殿堂であるから、嘘や小細工が通用するとは想像もしなかった。財団関係者や学校職員、そして教授らを信じるしかなかった。

ところが、その後の調べによると、大学という「聖域」を悪用して使ってもいないお金を偽の手形にして、学校から現金を受け取っていくという事例が判明した。日本では、企業が破産申請するか不渡りが生じれば裁判所の判決を仰ぎ、手形の真偽を区分して順次決裁するのが一般的な常識であるが、当時韓国ではそのような基準で処理したのではなかった。甚だしくは、大学とは全く無関係の高利貸業者からの借金まで全部肩代わりさせられていた。

紆余曲折を経て莫大な負債をすべて返済してから、1987年9月12日、金熙秀は中央大学経営母体である学校法人中央文化学園理事長に就任した。まことに感無量だった。13歳のとき、出稼ぎに行った両親を頼って故郷を離れ、玄界灘をわたり、東京で働きながら勉学に励み、「信用」と「正直」をモットーに企業家として成功してから、社会還元の一環として祖国での人材育成のための教育事業を開始する第一歩を踏み出した。

中央大学の教育理念は「正義のためには死も辞さず、真に生きよう」だった。正義に忠実で、真実に生きようということなので、金熙秀の人生観や教育哲学と合致した。金熙秀は理事長を引き受けたからには、全力を尽くして、中央大学を必ずや韓国最高の私立大学、ひいては世界に誇れる優秀な大学に作り上げると決心した。

中央大学の経営権を引き受ける交渉過程もすべて順調に進んだのではなかった。ルポライターの柳（ユ）在順（ジェスン）とのインタビューにおいて、その心境を漏らした。9月4日、任哲淳理事長と会ったとき、任理事長は、すべてを奇麗さっぱり渡しますので、学校名と校歌、建学精神を生かしてくださいと申し述べ、創立者から継承した学校を維持できず、他人に渡すことになり、子孫として申し訳ないと述べたという。

その数日後、契約書に双方が署名し、正式に契約が成立した。しかし、大学経営権の譲渡は韓国政府の承認が必要である。当然ながら、韓国政府はさまざまなルートで金熙秀の身辺調査を行なった。資金が北朝鮮との関わりはないのか、また特定宗教団体の資金が入っていないか調べられた。

任哲淳理事長退任後、韓国文教部から9月14日まで新しい理事会を構成しなければ官選理事を派遣するという通知を受けた。金熙秀はそれも良い対策と考えていた。中央大学の複雑な問題を文教部が奇麗に解決してから、引き受ければ良いと考えたからである。しかし、諸般の事情で、そのようには進まなかった。嫌になって本当に日本に帰りたいと思ったこともあったという心境を語ったこともあった。金熙秀はそれ以上言わなかった。事実を明らかにしたいことはやまやまであるが、それを言うと、個人攻撃になるので、言わないことにすると、口を閉ざしたままだった。

柳在順の取材によれば、任哲淳理事長が金熙秀と正式に契約書を交わしたあと、他人と二重契約し、金熙秀と同様に、公証も終えていたという話だった。相手は江南(カンナム)地域の不動産業者、高利貸金融業者という噂の人だった。

9月16日、李在澈総長就任によって、中央大学の教務委員など全面的な人事刷新が行われ、新体制に移行した。倒産の危機に直面していた中央大学を、在日実業家金熙秀が救世主の如く登場することで、再建に乗り出した。

理事長に就任してから学内を歩いてみて、長期にわたって放置されていたことから建物の損傷が激しく、学園全体の実情は目に余るほど酷いものだった。それよりも肝心の学生と教職員の士気や熱意が全く感じられないことがもっと大きな問題だった。

1987年10月12日、金熙秀理事長就任式と総長離任および新総長就任式が行われた。

金熙秀理事長は就任のあいさつのなかで、「育英事業の夢を実現できることになり、感無量である」とし、大学の任務である社会奉仕のための教育環境の造成や財団の本来あるべき姿を取り戻すことに最善を尽くすと約束した。新任李在澈総長も教育と学問の自律性を保障し、大学運営の公開、教授と学生の自治機能の拡大などの公約実践に努力すると約束した。

理事長就任後のマスコミ関係者の取材で、中央大学が進むべき方向と計画について問われ、次のように述べた。

一流大学になることは決して容易なことではありません。それを成し遂げるには長い歳月がかかります。時間を短縮するためにまず3つのことに力を注ぎたいと考えております。

第一に、卒業生の就職です。そのために韓国リクルート社を接収しました。これに関して500名の教授陣の協力が必要となります。就職のための適性検査や技術教育などの人的管理を充実しなければなりません。

第二に、二つの付属病院と医学部を統合する「メディカルキャンパス」を設けることです。そこに3万名に及ぶ韓国人被爆者を治療する被爆者専用の病院を建てる計画です。そのための財源として、日本からの寄付金と、在日同胞の社会還元という名目の寄付金を集めることです。

第三に、学内の不正と不条理の清算です。

これらの問題は私一人の力では到底解決できない困難な問題です。中央大学教職員、卒業生、在学生が一体となって、ともに取り組むべき問題です。中央大学の発展のために命をかけて取り組みます。

1988年春、大学講堂に金熙秀理事長、李在澈総長、常任理事、教授協議会会長、学生会会長、そして一般学生約500人が参加して「中央大学発展のための大討論会」が開かれた。多くの学生を前にして、金熙秀理事長は厳しい質問に浴びせられた。

理事長の実質資産と学校に投資できる金額はいくらぐらいですか？

「実際の財産公開はできません。ただし、東京・銀座の坪当たり地価が1億円ほど。そこに建物をいくつも持っています。人材育成のためにすべての資産を差し出すつもりなので、信じてください」

理事長が育英事業目的に学校を引き受けたのではなく、資本市場進出を狙って学校を引き受けたのだという噂について答弁してください。

「育英事業を志したことです。また、中央大学をもっと良い大学に作り上げるために投資できる充分な財力を持っています」

後日、金熙秀はあの時、自分はどうして学生たちの前で、何か悪いことをした人間のようにあれほどきつい追及を受けなければならなかったのか、まったく理解できなかったと回想していた。

余生を教育事業に捧げる

金熙秀は中央大学理事長に就任してから間もなく、中央大学開校69周年の記念式で、理事長として祝辞を述べた。

「大学は学問研究と教育が成し遂げられる真理探究の場であり、それを通じて社会奉仕をすることを目的にするという認識である。そのように考えれば、今日のこの時点で、中央大学は大学本来の目的を追求するために教育および研究の実情を確認する必要がある。教授たちには研究に専念できるように環境を整えることであり、学生には自由な雰囲気で学問を探究できる環境を作ることである。

特に、現在の韓国社会が大学に対して専門職業人を養成する機能的役割だけを要求している実情において、自由な学問ができるようにする大学の任務を成し遂げるための教育の環境造成が重要となる。中央大学財団の責任者として、そのような教育環境をつくることが私の任務であると考える。

韓国の大学が量的成長を成し遂げている反面、多くの弊害と汚点が存在していることも否定できない。解放後、私学の営利追求のための大学運営は現在も続いている。民族私学という美名に隠れた私利私欲のための運営方針を清算し、本来の大学としての役割ができるようにしなければならない。

大学の財団は、大学が学問研究と教育を進めるうえで必要な財政的な支援をすることが任務であると承知している。中央大学の財団を引き受けるにあたり、私は過去の大学財団が持っていた古い時代のイメージを

余生は教育事業に捧げると語る金熙秀理事長

払拭し、財団がすべき本来の正道を進めることを約束する次第である。この度の我々の中央大学の開校記念日を迎え、一度しかない人生を意義あるものにするために『育英』の意味をもう一度思い起こし、余生をこれに捧げようと心を新たにするところです。

私が願うことは、太陽のように輝かしい光でなくても人間社会の片隅を照らす灯火のような存在に

なればと考えています。中央大学の再跳躍とそのための舞台づくりに一助となれば幸いです」

金熙秀は理事長として、大学行政において、やってはならない「三つの禁止事項」を宣言した。第一は、不正入学禁止。すべての学事行政は公開し、透明でなければならない。学部および大学院の新入生は公正な入学試験によって選抜し、一切の不正行為があってはならない。第二に、教職員の採用は公平にし、公開採用を原則とする。第三に、学校施設の建築や工事、大学が実施する事業などにおいて、不正行為や道理に合わない行為は許されない。透明性をもって公正に実施する。事後の監査を徹底し、不正行為が発覚すれば、責任を明らかにし、応分の処罰をする。

活気が戻った大学キャンパス

金熙秀理事長が就任すると、学校にいくら投資するのか、学校発展のための総合的なマスタープランを早く出せ、というような要求が殺到した。そのような雰囲気のなかで、数人の関係者によって準備されたのが、5か年計画のマスタープランだった。当の金熙秀理事長には相談もなく、報告もせず、突然マスタープランというものが発表された。

当時、学内では、「お金のことは心配しなくていい。理事長がすべてやってくれる」「近い将来中央大学は東洋のハーバード大学になる」という言葉が一部の関係者の間で公然と言われていた。

マスタープランによれば、1987年10月から1992年までの5年間に1000億ウォン（日本円で約162億円）投資して、ソウルキャンパスに医学部と薬学部の建物をそれぞれ新築し、国内最大規模のメディカル・センターを建設する。第二キャンパスに5棟の寄宿舎（学生寮）を含む7棟の建物を新築する。教職員の待遇を国内私立大学最高の水準に改善することで、優秀な教授を採用し、強力な教授陣を構成する。奨学金制度を拡大して優秀な新入生を入学させ、卒業してから海外留学を保障する。寄宿舎施設の拡充と教育・研究・行政の完全電算化など厚生福祉施設を拡大するなどが主要な内容だった。

しかし、発表された内容を本格的に検討してみると、マスタープランを短期間に成し遂げるためには1000億ウォンでは無理であることが判明した。時間が経つにつれ費用はさらに膨らみ、2000億ウォンになるか、3000億ウォンになるか分からない金額だった。このような重大なことを財団理事長には報告もせず発表していた。だれがどのような過程を経て発表されたかは別として、最終的な責任は理事長がとるしかなかった。

なぜ、このようなことが発生したのか、状況を分析すると、金熙秀は単純な祖国愛で、育英事業にのみ関心があり、実業家としては抜け目のない細かいところまで目を配る性格だったが、教育事業、特に、大学経営には素人だったこと、しかも大学は最高の知識を持つ知識人の集まるところなので、財政的な手当てさえしてやれば、関係者が責任をもってやってくれると信じていたふしがある。その場合、少なくとも側近の中に、大学の事情にも精通し、信頼できる人が理事長を補佐する必要があったが、そういう体制にはなっていなかった。したがって、財団理事会において実務者を中心に再検討し、1988年3月、マスタープランを修正して発表した。

長期発展計画が充分な検討をすることなく、作成されるなど最初から憂慮の声が上がっていたが、それでも新しい法人がスタートしてから学事運営は徐々に正常化へと進んだ。特に、教職員に対する破格の待遇改善は世間の関心を引くようになり、意欲を持たせることになり、それが教職員たちの不満を一時的に静めることはできた。

修正プランは、二つのキャンパスの均衡した発展を基礎に、第1キャンパスは3万4000坪を新築、または増築するか、既存施設を大幅補修し、第2キャンパスは1万6000坪を新築、または増築して、5年間に395億ウォンを投資することとした。

修正プランによって作成された中長期発展計画は順調に進んでいた。1988年春までに図書館を新築し、1991年春までに寄宿舎、学生会館などを新築した。引き続き、法学部、電算センター、経営学部、大学院、理学部などを新築し、同時に、建設学部、産業学部、工学部、芸術学部などが増築された。

この期間中に、第1キャンパスの新築および増築にかかった工事費は249億ウォン、第2キャンパスでは216億ウォンだった。キャンパス造成費は約465億ウォン（約93億円）である。

大学の教育施設拡充はその後も引き続き行われた。第1キャンパスでは、福祉館、情報通信文化館、第2工学館、体育館および教授研究棟、法学館、医学部増設などがあり、第2キャンパスでは、サッカー部専用球場、秀林体育館、国楽学部新築などが金熙秀理事長任期中に行われた。

1987年9月、金熙秀理事長が学校法人を引き受けてから93学年度末まで7年間の教育財政に投入された資金は1297億ウォン（約179億円）。

部分別支出の内訳は〈表7-3〉の通りである。これを分野別にみると、負債償還約733億60

００万ウォン（約１３０億円）、大学施設拡張および財政支援金約４９１億５０００万ウォン（約68億円）、付属学校支援約13億２５００万ウォン（約１億８０００万円）、法人の運営資金として約58億８６００万ウォン（約８億円）支出している。

金熙秀が理事長就任以来、大学建物や施設が34％拡張しており、１９９３年度末までに負債償還および教育財政支援のために年平均１８５億ウォンが投入され、純粋に大学教育財政に投入されたものだけでも年平均70億ウォン（約９億７

〈表７－１〉第１キャンパス建物建築状況（1988～1998年）

建物名	延べ面積（坪）	階数	工事費（万₩）
工学部増築	1,067	地上７階	88,200
学生会館仮建物	46	地上１階	1,222
ソラボルホール増築	593	地下１、地上５	42,350
社会科学館増築	66	地上１階	5,600
法学部新築	1,096	地下１、地上５	86,950
電算センター新築	1,024	地下１、地上５	131,960
経営学部新築	913	地下１、地上５	89,960
筆洞病院増築	953	地下２、地上11	209,000
図書館改築修理		地下２、地上４	40,700
理学部新築		講義室、研究室	455,167
女子寮新築		寮施設、管理室	135,300
電算センター増築		講義室、実習室	31,600
工学部増築		講義室、研究室	152,074
学生福祉館増築		福祉施設	172,300
中央文化芸術館新築		公演場、展示室	846,000
合計			2,488,383

出所：『中央大学校80年史』　（1988年のレート約₩100＝¥20）

000万円）が支援された。

1987年以前の第1キャンパスの教育施設の大部分は60年代以前に建築されており、自然科学館と学生会館を除けば、20余年間、教育施設の増設はほとんどなかった。これは政府政策に基づき1979年から第2キャンパス造成に莫大な資金が投入されたことから、相対的に第1キャンパス施設拡張はその分難しい状況だった。1987年以後、第1キャンパスで新築された主要施設は法学部、電算センター、経営学部、理学部の建物、女子寮、中央文化芸術館（アートセンター）などが

〈表7－2〉安城キャンパス建物建築状況（1988～1998年）

建　物　名	延べ面積（坪）	階　数	工事費（万₩）
図書館新築	5,151	地下1，地上5	502,438
彫塑科実習棟新築	597	地下1、地上2	47,500
学生会館新築	1,036	地下1、地上4	702,050
学生寮新築	1,818	地下1、地上3	131,600
産業学部増築	906	地下1、地上3	76,870
建設学部増築	1,010	地下1、地上3	82,020
芸術学部増築	667	地上1階	106,580
芸術学部工場棟増築			6,094
生活福祉館新築			115,849
乗車場新築			3,589
建設学部機材財室新築			3,803
学生会館増築			3,795
音楽部活動室増築			6,979
本館新築			350,000
警備室・校門新築			25,000
合　　計			2,164,167

出所：『中央大学校80年史』

ある。

第2キャンパスは1979年から10か年事業として推進したキャンパス造成事業が終了段階に入ったので、量的拡大よりは質的発展のための施設拡張となった。特に、キャンパスの共同化現象や通学難などの問題点を解決

〈表7-3〉教育財政支援内訳　単位：₩100万

支援区分	計	87	88	89	90	91	92	93
合　計	129,721	57,613	9,921	9,504	13,694	20,856	8,899	9,234
負債償還	73,361	56,422	5,795	3,150	2,545	2,062	1,891	2,496
大学支援	49,150	1,861	2,622	5,243	9,938	17,611	5,894	5,981
付属学校	1,326	11	136	189	421	143	163	263
法　人	5,886	319	1,369	922	790	1,040	951	495

出所：『東喬金熙秀先生七旬紀念文集1』

〈表7-4〉理事長寄付金及び財政投入状況（1998年2月末現在）
単位：₩100万

収入			支出		
	財政調達	金額		財政投入	金額
理事長財産	日本財産搬入 国内事業財産 秀林開発（薬品）	79,430 12,380 16,322	前財団の負債	私的負債償還 銀行及び機関 負債償還	34,919 39,348
財産処分	土地処分 建物処分	13,248 528	大学	大学運営費支援 大学施設費支援	18,953 20,947
			病院施設費支援		5,199
寄付金及びその他収入	外部寄付金 国庫補助金 借入金 賃貸保証金 その他（利子・病院）	10,361 3,619 11,400 2,476 13,207	付属学校	付属学校 運営費支援 付属高校移転 幼稚園移転	2,966 21,181 2,712
			法人投資資産及び運営費		16,746
合　計		162,971	合　計		162,971

出所：『中央大学校80年史』

するために福祉施設の拡大に重点をおいた。１９８７年以後、新築された主要建物は図書館、学生会館、学生寮、生活福祉館などがある。

金熙秀が学校法人中央文化学園を引き受けてから、法人および金熙秀理事長が投資した金額はおよそ１６３０億ウォン（約２１２億円）に達している。

倒産の危機に直面していた中央大学経営を引き受けて、すべての負債を償還し、その間、発展の障害であった建物の老朽化を克服するために、教育や福祉などに必要な建物を新築、または増築するなど、まずキャンパスの整備から着手した。そして教職員の給料を上げるとともに優秀な教授を採用することで、大学のイメージアップに努め、優秀な学生を育てるなど大学再建に尽力した。その成果は直ちに現れた。それにもかかわらず、金熙秀の教育事業に対する志を理解することなく、歪曲して誹謗し、彼を追い出そうとしていた勢力が大学内に存在していた。

終始一貫の教育事業への意欲

金熙秀理事長が中央大学を引き受けたのは育英事業ではなく、自分の事業を国内に拡張するためだった。最近まで日本から８００億ウォン（約１４０億円）を持ってきたが、そのなかの一部のみ負債弁済に使用し、残りは企業買収や不動産投資に転用している。

金熙秀が１９８７年９月12日、任哲淳理事長から中央大学を引き受けた後、「汎民族中央良心の声闘争委員会」と名乗る学生団体が誹謗中傷の目的で絶えず配布していた宣伝ビラの内容である。

9月11日には学生10余名が総長室と理事長室を占拠し、「金理事長ははたして育英事業の意志があるのか」「学園引き受け当時、全斗煥大統領の庇護を受け、日海財団（現在の世宗研究所）と深い関係があると言われているが、事実関係を明らかにせよ」「中央大学発展に対する青写真を提示せよ」という質問をぶつけて籠城していた。

金理事長は自分に対する誹謗と権力癒着説などの噂に対して、雑誌記者とのインタビューにおいて淡々と心境を述べた。

闘争委員会側は、全斗煥大統領が日海財団の付属大学を物色していた時、任哲淳が「6・29民主化宣言」を前後して、盧泰愚民正党代表委員と親密な関係にあることを背信行為と疑い、中央大学に注目し、金熙秀を身代わりとして送り込んだという話があるが、という問いに対し、以下のように答えている。

「大学引き受け当時、大学外の問題に関しては一切知らず、そのような裏取引があったとは思わない。また、全斗煥大統領や側近たちに会ったこともない。

当時、任哲淳が大洲相互信用金庫事件で窮地に追い込まれ、巨額の負債を処理できず、大宇、現代、ラッキー金星、韓国火薬など国内屈指の財閥会社に引き受けを要請したが、断られたと聞いている。そのような状況において任理事長が訪ねて来られ、大学経営引き取りを要請され、受け入れることにした」

「引き受けた理由は」

「私は、還暦をすぎた。日本である程度お金を貯めたので、これから祖国のために何かやりがいのある仕事をやってみたいと考えていた時、大学経営の提案が入ってきた。その時、育英事業による人材養成ほど良い仕事はないと思うようになり、妻も賛同したので、決心するようになった」

「それにしても、事故のある財団を選択しなくてもいいのでは」

「問題のない大学を手放す人がいますか? 中央大学が国内屈指の大学中の一つであり、発展可能性が大いにあるという周辺の話を聞いて決定した。また、困難な問題をたくさん抱えている大学であるからこそ、やりがいの仕事であると考えた」

「一部の学生たちは、財団の引き受けの時、文教部の監査が必須なのに、今回、監査がなかったことは権力の庇護を受けていたことの証であると主張している」

「それは学生たちがよく知らないからだ。官選理事が選任されたときだけ文教部の監査がある。正常な譲渡のときには監査が必須ではない」

「金理事長の日本の財産は大部分銀行などに抵当されていると聞くが」

「(笑いながら)現在、東京の方々に、ビル22棟所有しており、新築中のビルも8棟ある。建物の価値は最低50億円から最高150億円。銀行の融資を受けていることは事実だが、私が借金だらけだったら、銀行が融資するだろうか。大学運営に支障を来すほどではないのでご安心ください」

「現在、大学に投入したお金はどのくらいか?」

「今回の国政監査で明らかになったように、1987年末まで618億ウォン(約108億円)、1988年7月31日まで800億ウォン(約140億円)ほどである。このうち、約700億ウォン(約

123億円）を負債清算に使用し、残りは工学部増築工事費、付属高校支援費などに使用した」

「学生たちは、お金が入ってきたことは事実だが、手形で支払い、残りで一洋相互信用金庫、明洞韓日館、コリア・リクルート社買収に使用したと主張している」

「一洋相互信用金庫は大学引き受け以前に買収し、韓日館は安城キャンパス芸術学部教授たちがソウル中心地に展示館を用意して欲しいというのでそのためであり、リクルート雑誌社は中央大学学生たちが卒業後の就業案内のためであった。そして負債清算のとき、手形を使用したことはない」

「負債を返済することも重要であるが、目に見える形で、大学に投資されている実体がないという指摘がある。例えば、安城キャンパスに学生会館、寄宿舎を新築するといいながら、設計さえできてないという話がある」

「建築設計が一夜にできるものではない。数か月後には設計が完成し、本格的な工事に入るだろう。学内に投資することは工学部増築などであるが、現在の黒石洞キャンパス敷地が狭くて、開浦洞などに大規模の敷地を買入、移動する計画である」

「黒石洞キャンパスの古い建物を壊し、新しい建物を建てて欲しいと闘争委員会は要求している」

「その点も考慮したが、投入された費用より効果が少ないので、新しい敷地に移動する計画である。現在、29万坪を買収しているが、外部的要因により移転と工事着工が遅延されている」

「外部的要因とは？」

「後日、明らかにする。在日同胞として無一文で始めて努力の結果成功し祖国のために貢献しようとするのに、暖かく迎えてくれるのではなく、むしろ排斥されることが多い。それに理解できない行政手続きが多い」

「開浦洞に真っ先に着工する建物は?」

「メディカル・センターになるだろう。国内最新式、最大規模の建物を建てる。そしてガン患者、原爆被害者、AIDS患者などに対する専門病棟も建てる予定である。敷地買収が円滑に進めば、キャンパス移転も段階的に行われる。これらのことが学生たちの主張通り一夜にして行われるわけではない。私の計画がうそだったとか、私が間違った行動をとれば、そのとき、厳しく批判すれば、いさぎよく受け入れる。しかし、現在始まる段階で、いちいちけちをつけられてしまっては、どうすればよいだろうか」

金熙秀理事長の言葉通り、国内屈指の大学に発展するためには忍耐と協力が必要である。また、大学財団としては、年10億ウォンの出資も大変な時に、800億ウォンを大学に投資したことは画期的なことだった。彼の投資が真の育英事業であったかについては数年後には明らかになるのだから、その時まで是非の判断は留保すればよいと、記事は結んだ(『週刊韓国』1988年10月23日)。

「良心の声闘争委員会」との闘い

中央大学財団を引き受けた時の感激と喜びは長く続かなかった。大学のなかに新理事長に反感を持っている勢力が存在していた。前理事長と近い教職員や同窓会の関係者たちが徐々に金熙秀を窮地に追い込んでいた。

金熙秀は理事長に就任して不正に関わった前理事長と親しかった教職員や彼が任命した役職者たちを一人も処分しなかった。立場上やむをえず、前理事長を支えていた事情もあるだろうから、新しい財団でいっしょに働きながら自分の意志を理解し、協力してくれるものと考えていた。すべて善意で理解しようとした。

金熙秀に反感を抱く理由として浮かび上がったのは次のような点である。

一つは、前理事長が金熙秀に学校を横どりされたと言いふらしたこと、次に、新理事長が国内に人脈や基盤を持たない在日出身であるので、扱いやすい存在と考えていたこと、最後に、新理事長は不動産投機が目的であり、育英事業の志のない人間として決めつけていたことなどである。

反理事長派は「汎民族中央良心の声闘争委員会」という奇妙な団体を組織して活動していた。学内に壁新聞を貼り付け、印刷物を配布し、金熙秀と財団を誹謗する垂れ幕を掲げた。大多数の学生や教授たちは半信半疑ながら、もしかしたらという疑惑を抱くような状況であった。

反対派の主張は、理事長個人への疑惑から始め、続いて財団の大学発展への投資疑惑に移り、マスタープランをなぜ速やかに実行しないかと財団退陣の主張に発展した。彼らは総長室や理事長室を占拠し、籠城（ろうじょう）を繰り広げた。

1988年3月23日の『中大新聞（ジュンデシンムン）』に掲載された記事によれば、

> 自称「汎民族中央良心の声闘争委員会」40余名は、21日夜12時20分頃、本館2階を占拠し、籠城を始めた。彼らは現金熙秀理事長と財団が不誠実にも昨年、学生たちの50の要求事項を受け入れる

と言ったのは大学関係者を欺く振る舞いであると主張し、現理事長と財団の退陣まで籠城を続ける。

同年10月17日の『中大新聞』には次のような記事が掲載された。

第1、第2キャンパス学園自主化推進委員会の委員20余名が11日午後3時30分頃、総長室占拠籠城に突入した。この日、第1キャンパス推進委員会が発足し、「金熙秀財団を暴露する」内容の白書を発表した。第1、第2キャンパス推進委員たちは「財団の欺瞞性と財団引き継ぎの過程で出てきた問題点に対する懲罰(ちょうばつ)と解明のために」として、本館の総長室占拠籠城に突入した。翌日、教務委員たちと会い、徹夜籠城に対する立場を表明し、15日まで白書に関する学校当局の回答を要請する「公開質問書」を伝達した。徹夜籠城3日目の13日には場所を理事長室へ移し、50余名の学生が参加するなかで「報告大会」を行い、引き続き籠城中である。

こうした活動は数年続いた。甚だしくは、一部の学生が日本に渡り、金井グループ代表金熙秀が韓国で不動産投機をしている疑いがあるので、徹底的に税務調査をすべきであると日本の国税庁に告発状を手渡し、波紋を起こすようなことがあった。

さすがに金熙秀の家族や知人たちはこうしたやりかたに耐えられなかった。

「苦労して稼いだ大切なお金をなぜ大学に全部つぎ込んで、こんな辱(はずかし)めまで受けなければならないのですか?」

「今すぐに身を引いて帰っていらっしゃい。日本でも、いくらでも教育事業ができます」

しかし金熙秀はそうするわけにはいかなかった。祖国での教育事業が夢であったので、多少の揉めごとのせいでやめるわけにはいかなかった。今は、彼らは何やら誤解しているようだが、いずれ時期が来たら真心を分かってくれるだろうと考えていた。自分がやっていることに一点の恥じるところもなかったので、動揺も後悔も全くなかった。金熙秀の夢は祖国の発展に寄与できる人材育成であったからだ。

教育環境の整備に尽力

危機に直面した大学経営を引き受け、緊急課題の負債金の清算は終えたものの、膨大な負債を抱えて、倒産寸前にまで追い込まれていた学園を建て直すことは容易なことではなかった。とりあえず、教職員にやる気を起こさせ、学生たちに安心感を与えるためには、教職員の待遇改善と学生の厚生施設や教育環境の整備などを優先的に解決しなければならなかった。

したがって、理事長に就任した金熙秀は、教職員の給与を大幅に増額し、大学発展計画に基づき、大学キャンパスの整備、校舎の新・増築、図書館の建築、学生寮や学生会館などの厚生施設の整備、大学および大学院の増設に伴う校舎や研究室の新・増築、スーパーコンピューターの導入など、大学の質的、量的発展を同時に進めた。

新法人は、従来の非効率的な行政組織を抜本的に改組することから始めた。第1キャンパスと第2

キャンパスの効率的な運営のために、従来の教学担当副総長と事務担当副総長制を変更し、第1キャンパスと第2キャンパスにそれぞれ副総長を置いた。両キャンパスの運営を実質的に一元化することであった。また、第2キャンパス中央図書館に副館長を置いていたが、図書館長職制に変更し、両キャンパス中央図書館長体制にした。このような職制改編は図書館運営体制を一元化し、行政組織も同様に、第1・第2キャンパスに区分した。

1990年代に入り、国際情勢や時代の変化に伴って、情報化、開放化とともにグローバリゼーションが進むなかで、大学においても時代のニーズに適応できる人材養成が急務となり、社会の要求と学生のニーズに応えられる教育目標および教育内容を創出しなければならない。そして大学間の競争に勝ち残るためには特色ある学部・学科の編成や専門大学院の設置など特殊化する必要があった。そのために、第1キャンパスと第2キャンパスに設置された類似または同一名称の学科名を整理し、再編するとともに、また人気のない学科は専攻領域別に統廃合した。それに併せて、時代を先駆ける領域の学部・学科や特殊大学院などを新設した。

1988年から2007年までに特殊分野の体育科学学部、国楽学部、メディア公演映像学部が新設された。そして特殊大学院として、行政大学院、産業経営大学院、情報産業大学院、医学食品大学院、芸術大学院、国楽教育大学院、グローバル人的資源開発大学院が設立された。また、国策大学院として国際大学院が設立され、専門大学院として経営専門大学院が設立された。ほかに、先端映像大学院、演劇映画学専攻の大学院博士課程が設置された。さらに、学科新設として、産業情報学科、広告広報学科、機械設計学科、生物工学科、産業デザイン学科、国際関係学科、コンピューター工学科、都市工学科などが次々と新設された。このような学部・学科および大学院の新設は金熙秀理事長時代に行われた新規事業である。

金熙秀が中央大学を引き受けた１９８７年には15学部の70学科と大学院、５専門大学院の体制だった。その間、統廃合による学部・学科の大幅な再編や廃止、新規設立などにより、２００７年には19学部と大学院に増設され、16学部・58学科と14専門大学院を擁する大規模総合大学へと発展した。組織拡大によって、学生数も増加した。２００７年の在学生数は、大学生３万３６３８人、一般大学院生２７４１人、専門大学院生３８２９人。総学生数は４万２０８人となった。

グローバリゼーションの進展によって、国際交流も徐々に拡大された。国際交流協定を締結した外国大学は１３３大学に達した。そのうち、１９８７年から２００７年に締結したのが１２０大学だった。特に、１９９０年代に入り、グローバリゼーションの趨勢が進展し、対象国家も多様化した。地域別にみると、アジア52校、アフリカ２校、ヨーロッパ36校、北米26校、南米３校、オセアニア１校となった。

２００５年1月、中央大学の宿願であったメディカル・センター中央大学病院がソウル黒石洞キャンパスに開設された。延べ面積1万８２０６坪の地下3階、地上15階の近代的な施設と設備を備えた病院として２０００年5月に着工し、途中工事担当建設会社が変更するなど紆余曲折もあり、４年余の工事の末、２００４年11月に竣工した。５５４病床の病院が開院した。

中央大学病院は20の診療科を持ち、70余名の医療スタッフを含む６１０余名の職員たちが勤務していた。「最先端デジタル病院」として５００億ウォン（約48億２３００万円）を投資して先端装備を備え、電子医務記録（EMR）、医療映像貯蔵伝送システム（PACS）、原価管理システムなどが導入された。メディカル・センター建築に使用した資金は総額632億3000万ウォン（約61億円）である（『中央大学100年史』）。

新築の中央大学病院は2005年に保健福祉部（省）の医療機関評価において最優秀病院に選定された。2007年には、同省において応急医療機関として評価を受け、最優秀地域応急医療機関となった。

斗山グループに経営権の譲渡

このように、金熙秀理事長時代は、学内インフラ構築中心に事業が推進され、教育環境の改善で、多方面にわたって教育効果が表れた。学内の反対勢力の制限のない要求をすべて満足させることは不可能だった。それに不満を持つ良心の声闘争委員会や学園自立化推進委員会などから金熙秀財団退陣要求が絶えなかったことも見逃せない事実である。

折しも1990年代に入り、日本におけるバブル経済崩壊が進み、韓国にもIMF金融危機が到来したことから、金融機関に担保として提供していた不動産価値が急激に低下し、それに対応することができず、金熙秀理事長の個人資産が日韓両国において不渡りを余儀なくされた。

そのため、資金調達が厳しくなり、中央大学へのさらなる資金提供は無理な状況となった。その最中に、金熙秀理事長の個人会社である金井相互信用金庫が営業停止される事件が発生した。経営を一任していた経営責任者が不適切な貸出や横領などの嫌疑で拘束された。当時、大学発展基金などの大学資金の一部を金井相互信用金庫に預けていることが明らかになり、大学において波紋が起きた。これは学費の不法引き出し疑惑として、当時、総学生会を中心に８００余名の学生が金熙秀理事長を刑事告発する事態に発展した。調査の結果、大学財政とは無関係であることが判明したが、これが大学のイメージダウンとなり、大学長期発展計画に対する憂慮が増幅した。

　中央大学としては、建物の新築など、学校に対する投資を発展基金と学生からの学費に依存するしかなかった。結局、金熙秀理事長が側近にまで裏切られる悔しい思いのなかで、もはや自分の力ではどうすることもできないことが明らかになった。その間、大学関係者の間で、水面下で議論されてきた中央大学法人の交代問題が表面化した。

　法人交代問題が表面化すると、大学本部は中央大学財団を引き受けてくれる財閥や企業などに対して多様なチャンネルを通じて意向を打診した。この過程で、数多くの推測と噂が広がっていた。

　２００８年初め、当時の朴範薫（パクボムン）総長が旧知の李明博（イミョンバク）大統領当選者と相談し、金熙秀とともに、３人で会合を開いた。この会合で中央大学を斗山グループに引き渡すことが決まったと言われている。朴範薫は２００５年から10年まで中央大学総長を務め、総長退任後、２０１１年から13年まで李明博大統領秘書室教育文化首席を務めた人物である。

　２００８年5月2日、中央大学と斗山グループは「学校法人中央大学発展のための協定書」を締結した。このようにして、学校法人中央大学の経営権を大手財閥斗山グループに引き渡すことになった。経営権委譲の見返りとして斗山グループは１２００億ウォン（約１１５億５０００万円）を出捐金として用意した。金熙秀はそれをもって財団法人秀林財団と財団法人秀林文化財団を設立して初代理事長に就任した。

金熙秀は瀕死の状態であった中央大学を引き受け、すべての負債を清算し、ソウルキャンパスと安城キャンパスを見違えるほど再整備しただけでも立派な役目を果たしている。21年間に学校所有地は約1万2000坪増加し、新築した建物は9万2000坪以上である。さらに創立者の建学精神を継承し、時代の変化に対応できる教育内容を充実させ、名門私立大学として蘇生させた。そのような功績を考えると、金熙秀は中央大学の「中興の祖」と位置付けても差しつかえないだろう。その功績は評価に値する。在日実業家として祖国の発展を願って人材育成のために多額の投資をし、大学を再建させたことは祖国への立派な貢献である。その功績は非常に大きいといわざるを得ない。この事実は韓国教育史に刻まれる快挙といえる。

金熙秀に対する評価

金熙秀理事長を中央大学関係者たちはどのようにみていたか。公刊された文書のなかからいくつか拾って紹介しよう。

金熙秀が中央大学理事長時代、総長としてともに大学経営に携わっていた金玟河(キムミンハ)は金熙秀古希記念論集の祝辞において、次のように述べた。

理事長は排他性の強い日本のなかでも認められる実業家であり、しかも民族主義者として知られている。反面、国内での知名度は相対的に低く、それも非常に偏狭的水準である。それは、国内よりも日本にいる時間が長かったことによるものである。それに自己PRとかイメージ管理を好まず、硬直した政治的でない性格も理由の一つであろう。理事長に対して周囲の人たちが使用する修飾語がある。「正直と信用」「信念と根気」「勤倹節約（きんけんせつやく）」、そして人以上に、祖国愛と民族愛。素朴で、真っすぐな感じを与える言葉が理事長に対する説明に適切かもしれない。実際には、普通の人はそのなかの一つを持つだけでも大変なことである。そのような人望は長期にわたって積み上げてきた経験と實相に基づく、生命力の維持として表われていると考えれば、民族的差別と冷遇に忍耐と努力で勝ち得た経済的な成就（じょうじゅ）を故国の育英事業に捧げようとしたその高潔な志を理解せねばならない。理事長は企業と大学の育成だけでなく、在日同胞の法的、社会的地位向上のための奉仕活動や数々の社会活動を広範囲にわたって行なわれた。

（『東喬金熙秀先生七旬紀念文集Ⅰ』）

中央大学校同窓会長金明燮（キムミョンソプ）は古希記念論集の祝辞において次のように書いた。

76年の悠久な伝統をもつ母校が一時困難に落ちていた。学校法人が大学運営の能力を喪失したのである。当時、民主化の嵐のなかで、学生の声が強かった時だったので、国内有数の財閥企業も傍観していた。その母校を金熙秀先生が人材育成だけが民族の繁栄になるという信念で、学校経営を引き受けられ、混乱の危機を克服できたのである。国内で救援者が現われなかったので、海外からの救援で混乱を避けることができた。海外でも不屈の民族心を持っている立派な同胞たちも多いけれど、民族差別が激しい日本という異国の地で苦難と逆境のなかで貯めた巨額の資金を何の条件もなしに故国の育英事業に寄託した人は金熙秀だけである。

同窓会長就任後、接することが多くなり、人生の大先輩として、逆境を括り抜き、他国で苦難と苦痛を乗りこえてきた経綸をもつ師匠なので、すべてを理解することは難しいとしてもその哲学と品格の一面を覗くことができた。独特な生活信条は分かるようになった。真っ直ぐな正道を歩むということである。正しいと判断すれば、どのような挑戦も辞さないし、どのような不利益があっても推進するという人格であった。

社会的過渡期において誰もが躊躇していた育英事業に投身したこともこのような信条の持ち主だからである。しかし、この7年間の育英事業が順調に進んだわけではなかったことも我々は知っている。理事長の志を理解せず、偏見と誤解が充満し、嵐のようにやってくる学内の要求やデモに苦しめられたことを考えると胸が痛くなる。幸いにも、このような歪曲された偏見が学内から消え去り、遅まきながら母校内で、21世紀大学発展に向けての新しい雰囲気が出始めていることに安堵感を覚えるのである。

(『東喬金熙秀先生七旬紀念文集Ⅱ』)

中央大学教育学科李文遠（イムンウォン）教授は、金熙秀の人間観に求めた。金熙秀が日本で教育を受け、事業をやりながら、民族差別を悟り、その対策として、信頼感と誠実性、そして質素な生活で克服しようとした。生きてきた過程で、さまざまな困難に処し、多くの人たちとの出会いのなかで、あるべき人間像として認識したのが「倫理の礼儀を備えた人間」「努力する人間」「謙遜で正直な人間」「勤倹節約の人間」「民族を愛する人間」であったと分析した。

（『東喬金熙秀先生七旬紀念文集Ⅱ』）

李容九（イヨンク）中央大学総長は、追悼の辞をこのように述べた。

故人は1987年からわが校の理事長を務め、教育者としての夢を本格的に広げ始めました。それは教育こそ祖国の未来を照らすことができるという哲学があったために可能な決断でした。当然、その哲学は偶然にできたものではありません。多くの人々に故人は不動産実業家として知られておりますが、金熙秀理事長は不動産事業の前に、造林事業を通じて木を培いました。ある人が「その事業は経済性のない愚かな事業だ」と指摘すると、故人はこのように答えたと言われます。「造林は夢がなければ不可能な事業である。損益のみを考えれば後代まで損になるだろうが、損得に捉われることのない未来のための事業だと考え、毎年一本一本楽しく植えたい」私はこの話を聞き、故人の教育への哲学を知ることができました。他の人が目先の利益だけを追っているとき、故人は若者のために、韓国の未来のために、自ら率先し前に乗り出すことを決心したのであります。

（『民族愛　大きな光　人間金熙秀：故東喬金熙秀先生追慕文集』）

第8章　秀林文化財団の設立

秀林文化財団の役割と任務

金熙秀は中央大学理事長を退いたあと、２００９年6月、財団法人秀林文化財団を設立し、初代理事長に就任した。同財団は設立者金熙秀の人生哲学である「文化立国」を基本に、韓国学研究や優れた伝統文化の発掘への支援、伝統文化の継承発展と創作活動のための基盤造成、文化芸術分野の人材養成、さらには国際文化交流への支援事業などを推進している。

秀林文化財団のホームページには、以下のような「倫理宣言」が掲載されている。

秀林文化財団（以下〝財団〟）の設立者東喬金熙秀先生は、日本の植民地時代に貧しい植民地の子として生まれ、貧困と無知による悲しみを乗り越えてきた経験から〝人材養成〟と〝文化立国〟という二つの人生目標を定めた。生涯にわたり、節約と勤勉を実践し、異国での様々な差別に打ち勝ち、財産を貯め、この財団を設立し、無一文で逝った。

秀林文化財団　秀林文化財団本館

したがって、財団は世の中のすべての人の公器である。設立者の精神を尊重し、財団の基盤をしっかり守り、発展させることが我々役員たちの厳粛な責務である。我々は設立者の遺志通り正しく遂行しているかを絶えず諮問し、省察しながら、任務に当たることを確認し合い、設立者の霊前に、そして国民に以下の如く約束する。

1　勤倹節約、人材養成、文化立国の精神を心に刻みます。

2　清貧な生き方、良心的な企業家精神が継承されるように努力します。

3　すべての財産を公的財産化された意義を心に刻み、引き継ぎます。

4　目的事業を通じ設立者の人生哲学を積極的に具現します。

5　善良な管理者の義務を果たし、清廉潔白（せいれんけっぱく）の精神で任務を遂行します。

6　個人的な利害関係を一切排除し、私心なく厳正に勤めます。
7　透明公正に事業者を選択し、公平で愛される財団にします。
8　多様で独創的な文化芸術のユートピアを夢見る人たちを助けます。
9　内部の疎通と和合により、個別的力量でなく、体系的な組織と規定による透明な業務を遂行します。
10　この倫理規定に参加することに矜持と自負心を感じており、故人の霊前に恥じないように、職務を誠実に遂行することを厳粛に誓います。

２０２０年８月

秀林文化財団理事長他役職者一同

財団設立趣旨は「芸術創作の支援」「人材養成」「文化立国」である。すなわち、財政支援によって創作活動の基盤造成に役立てるとともに、教育を通じて文化芸術分野の人材を養成する。さらに文化芸術の普及によって、社会を明るくするための「文化立国」を目ざすことである。

秀林文化財団の芸術・文化事業

秀林文化財団の主要事業として、「秀林文化賞」を制定し、文化芸術関連分野で優秀な若手を発掘して授賞し激励している。「秀林ニューウェーブ賞」「秀林文学賞」「秀林美術賞」が設けられている。

秀林ニューウェーブ賞は、実験的で、実力のある次世代伝統芸術アーティストを発掘し、支援する

秀林文化財団役員お墓参り　設立者墓参する秀林文化財団役員たち

ことで、アーティスト創作活動の基盤を作り、より大きな夢を目指す勇気を与えるための賞である。

２０２２年秀林ニューウェーブ賞受賞者のイ・ヒャンハは、伝統打楽器を基盤にした多様な形態の音楽をつくる創作者である。パンソリ創作グループの〝口と手〟スタジオ代表として活躍中。「パンソリ的感覚」に注目したパンソリ作りの作業をしている。他にも、演劇、舞踊、ミュージカル、メディアアートなど、多様な分野の芸術家たちと協力しながら、イ・ヒャンハ独自の色彩をもつ音楽をつくっている。

２０２１年秀林ニューウェーブ賞受賞者のユン・ウンファは、４

歳から音楽をはじめた。彼女は韓国の洋琴はもちろん、北朝鮮、中国の洋琴の長短所を分析し、56弦12半音階からなっている「ユン・ウンファ（YUNEUNHWA）ブランド洋琴」を開発し、特許を保有している。唯一の電子洋琴を演奏する演奏家でもある。現在、世界洋琴協会の韓国支部長として活動中で、洋琴後継者を養成している。

秀林文学賞は、韓国文学をリードする新鋭作家を発掘し、支援することで、国内外の文学発展に寄与するための賞である。

2022年の秀林文学賞受賞作「速度の案内者」（イ・ジョンヒョン、長編小説）は、先端バイオ技術をめぐる資本と人間の歪んだ欲望を暴露した。東西古今を問わず人類の長い念願である不老長寿と歳月が経っても変わらない人間の根源的な欲望を21世紀の観点で再解釈を試みた小説である。

また、小説は資本と技術の論理のもとで、生命の概念が誰に対しても公平なのかと問う。そして、生命と幸福間の関数関係を掘り下げ、人間として価値のある生き方が果たして何なのか、人間の正体と生きることの本質を考えさせている。

秀林美術賞は、創意的で、実力のある若手の美術作家を発掘し支援することで美術発展に寄与するための賞である。

2022年秀林美術賞受賞作家ソ・インへは、東洋画媒体を基盤とする絵画、設置、映像などを活用する視覚作業を行っている。自分より先の世代を生きてきた女性たちとの連帯と連結点に関心があり、身体の内外で振動する事物の物質性とその行為に注目し、見えない女性の身体性と労働を現わそうとしている。

金熙秀の遺志を語る

故金熙秀先生追悼文集『民族愛　大きな光　人間金熙秀』（〔財〕秀林文化財団刊）に掲載された関係者の寄稿文のうち、一部を抜粋して紹介しよう。

秀林文化財団第2代理事長河正雄（ハジョンウン）「金熙秀先生を偲ぶ」

（河正雄は、2011年1月11日、東京都宮八王子霊園の金熙秀の墓の前で、執り行われた金熙秀の2周忌儀式で、つぎのような追悼文を読み上げた）。

今日この場に、前理事長が身を削り設立育成に努められた秀林外語専門学校と秀林文化財団、その崇高なる志を奉る者たちが遺徳を称え追悼するため一同に会しました。生前に果たしえなかった故人の遺志を継ぎ続けていることをご報告しつつ、遺業の継承への覚悟と決心を新たに致します。今後、発展していく秀林文化財団の歴史は浅く、今、ようやく最初の一歩を踏み出したところです。〝文化〟とは短期間で結果が出るものではなく、継続的な投資と努力があってこそ成果を出すことができます。

過去4年間の試行錯誤（しこうさくご）の中で、蓄積されたノウハウと経験を基に今後、財団が進むべきマクロ視点の方向性と目的を定め、現在実施中のプロジェクトを徐々に補完し、名実共に創業者が目指した大韓民国の伝統芸術と、精神文化の創造融合のグローバル化の先頭に立ちます。創業者の魂は不滅であります。

中央大学元総長金玟河「愛国者金煕秀！　ノブレス・オブリージュ」

１９８７年に倒産の危機に直面した中央大学の経営を引き受け、後進を育てること21年、より強固な財政基盤を持つ企業が充分な財政を投資し、世界的な大学としての発展を念願して財団を移管した後、流れる歳月に勝てず、切実な思いでこの世を去った故人のことを考えると、痛恨の言葉しか浮かびません。中央大学がもっとも困難な時期に経営を引き受け、ピンチヒッターとして登場し、民主化運動の熱気のなかの厳しい大学の状況と、時を同じくして、日本で吹き荒れたバブルの波により、日本の事業基盤が崩壊して身動きが取れない状況のなかで、中央大学の経営正常化と人材育成のために献身したその功績は忘れることができません。

歴史に「もし」はないが、個人的な所感としては、もし、先生が中央大学の救援のために資金援助をせずに通常の経済活動をしておれば、無一文から財を成した先生のビジネス能力から考えると、当時の日本経済のバブルとは無関係に事業経営はスムーズに発展したのではないかという気がします。

総長時代に理事長を「愛国者！」と呼んだことが正しかったと言えるのは、先生は生前私に一度たりとも、「中央大学を引き受けたのは間違いだった」と言ったことがないということです。

日本で朝鮮人差別に屈せず、事業に成功し、在日実業家のなかでも指折りの金煕秀です。お金を稼ぐために母国に投資する人は多かったが、純粋な教育理念で、いくら投資しても一銭も戻ってくることのない大学の教育事業へ投資する者はいませんでした。

不幸にも亡くなった後、故人に対して心のない批判があり、様々な噂が流れていました。社会的正義を標榜し、思慮が浅く、近視眼的な思考にしがみつくと混乱が起きやすいのです。そういうとき、私は冷静な判断を注文しました。故人の名誉回復と故人が残した遺業の再評価が必要であるという切実な思いです。

なんと言っても、先生は祖国を愛し、教育と文化芸術分野の人材育成によって民族の未来を切り拓こうとして、格別な熱情を注ぎ、教育に献身した在日韓国人愛国者です。

故人の遺した奨学事業と文化芸術事業の志を継ぐ財団の人たちによって定着しつつあるのは幸いです。残された者の義務は、故人の真の価値に再び光を当てることであります。

希望としては、故人と様々な形で縁を持っている人たちが生き生きとした回顧と追憶を収録し、故人の精神を振りかえる回顧録を作ればと考えます。そうすれば、後世の人々に、故人がまさにこの地に「教育と文化」のノブレス・オブリージュ精神で献身の人生を送った人物として顕現し、故人も天国で喜ぶであろうと思いながら、再び天を仰ぎつつ故人の三文字を口にしてみました。金熙秀！

嘉泉(カチョン)大学特任副総長・秀林文化財団理事金忠植(キムチュンシク)「清教徒的な誠実さと民族愛」

東京での勤務を終え、ソウルに戻った2005年以来も、金熙秀先生とは度々お会いした。先生は中央大学執務室、あるいは近くの食堂や光化門(クァンファムン)近くの食堂に私を呼び、世の中の動きを聞くのであった。私は積極的にお会いし、先生の公私にわたる様々な質問に答えた。時には中央大学の財団運営についての意中の話をし、直接的な教育育英事業から手を引く場合、どのような方法があるかなどについて質問したりした。その度に、在日韓国人として事業を営む時も、また中央大学を運営する時も、良心に忠実で変わることなく、堂々とした態度を堅持していることに感動した。振り返ってみると、そのような金熙秀先生の未来構想が現在の秀林文化財団の根幹だったのである。

事業を営むときも、常に正直と信用を大事にしてきた偉大なる常識人である。自分に厳しく正確である先生の清教徒的な誠実さは、後生にとって見習わなくてはならない美徳である。さらに若い時、苦難のなかで稼いだお金を祖国の育英事業に投資した教育者として、そして「人間・未来・創造・文化」を掲げ、韓国の未来資産である文化暢達（ちょうたつ）を念願して、公益財団である秀林文化財団を設立した発想に至るまでの金熙秀先生の公共精神と祖国愛、そして民族愛は、我々後生たちの心のなかで永遠に輝くであろう。

社会福祉法人共生福祉財団会長尹基「ノーベル賞受賞者を育てよ！」

在日同胞たちが祖国に投資して失敗している事実をよく知りながらも、先生は祖国のためなら躊躇（ちゅうちょ）することはなかった。祖国の空を愛し、大学教育に専念された先生の不屈の意志にはただ頭が下がる思いである。

先生はご自分が苦労することは考えずに、祖国の将来を心配し、未来を夢見ていた。

金熙秀先生は21年間、中央大学を運営し、優秀な大学として成長させ、優秀な企業に経営権を引き渡し、秀林財団と秀林文化財団を設立した。

「両財団が育成した人材の中からノーベル賞受賞者が出てくるように全力を尽くすことが人生の最後の望みです」と、私の想像を超えるビジョンを聞かされた。

誰にも分ってもらえない孤独な道を歩んでこられた先生は、教育だけが祖国の未来を照らすことができるという信念を持っておられた。

いつか先生が設立した財団が育成した人材の中からノーベル賞受賞者が出て来る日、先生は生まれ変わるだろうと考えて見る。

私が見た金熙秀先生の生き方は、自分が何かになろうというよりは、「どうやって祖国に貢献するか?」を追求した人生だった。先生の精魂（せいこん）が込められた秀林財団と秀林文化財団が後継者たちによって、輝かしい成果が表われることを望んでやまない。

金井学園理事長・秀林文化財団理事申景浩「金熙秀先生への思い」

先生は、日本統治下の民族差別の中で勉学に励み、会社を興し、発展させていく間、多くの民族的悲哀を味わいました。それと同時に民族の将来を案じ、祖国愛を強く持ち、民族の永遠の独立は教育を通して養成した人材によってのみ可能であると気づいたのです。日本で教育機関を営んでいましたが、やがて祖国でも本格的に高等教育事業を引き受けることになったのです。もちろんこれは、在日コリアンの実業家としては初めてのことでした。これまで在日コリアンとして国内に企業を興し、成功した例はあったが、教育事業に関わったのは、初めてのことでした。このような点から学校法人の理事長就任というのは、歴史的な出来事でした。

先生は空手来空手去（手ぶらで生まれて手ぶらで死ぬ）という人生の哲学を持っており、企業家として成功し、まとまった資産が手中に入ったので、それを民族のために役立てることを考えていました。このような信念から、教育事業のために使うことこそが、まさに国家と民族のためになると強く思うようになりました。それが学校法人中央大学の経営権を引き受けるきっかけでした。理事長に就任すると、中央大学法人が抱えていたすべての負債を清算し、中央大学は倒産を免れ、新たな発展の転機を迎えるようになりました。

大学経営が軌道に乗り、84歳という高齢になったことから、斗山グループという大手企業に経営権を譲渡し、学校経営の第1線から退くことになりました。

金熙秀先生の祖国での活動は、在日コリアン社会に深い感銘を与え、民族的なプライドでもありました。その功績により、大韓民国国民勲章（牡丹章）を受勲し、ロシア国立ゲルチェン師範大学から名誉教育学博士を授与されました。

金熙秀先生は、「ひとはみんな燦然と輝く太陽の光ではなくとも、灯火の如き小さな明りで良いので、暗い社会の片隅を照らす存在になって欲しい」とおっしゃっておられました。

この言葉が私の心の中に刻まれています。

終章　金熙秀が残したもの——人生は「無一文で生まれ無一文で去る」

人はこの世に出てくるとき何も持たずに生まれる。母親のお腹から出てくるとき、何かを持って出てくる人はいない。この世での人生の生き様はさまざまである。いかなる権力者も金持ちも普通の人もいつか死を迎える。あの世に逝くときは何も持って行けない。人間誰しも、手ぶらで生まれ手ぶらで死を迎えるのが自然法則である。これについては例外などない。このように、「無一文で生まれ無一文で去る」という言葉が金熙秀の人生観だったのだ。

金熙秀は厳しい経済状況のなかで、辛酸をなめながら、夜寝る時間を削って、がむしゃらに働き、無駄使いせず、金を貯め、財産を増やすことに精を出した。ある程度、お金が貯まると、普通の人は贅沢な生活をしたくなるが、金熙秀はそういう生活を好まなかった。贅沢は無駄だという哲学を持っていた。むしろ困っている人たちを助け、必要とする事業に支援することを喜びとした。

貧しい国で生まれ、植民地出身者として日本で生活しながら、朝鮮民族、韓国人であることから、さまざまな差別を感受しなければならなかった。それを克服するために「正直」と「信用」を哲学とした。これは父親からの遺言でもあった。

実業家として成功した金熙秀は、貯めたお金の使い道として社会還元を考えた。それが育英事業だった。まず日本で金井学園を設立し、教育事業をはじめた。そして、祖国・韓国で名門私立大学である中央大学の経営を引き受け、21年間、理事長として、倒産寸前の学校を再建した。金熙秀理事長の献身と努力によって、借金で大学経営ができなくなった中央大学の経営を正常化し、健全な経営により借金のない大学として、伝統ある名門私立大学の命脈を維持することができた。

当時の韓国の学校法人の大部分は金融機関から多額の借入をし、規模を拡大していた。これが一般的な常識だった。そのため、多額の負債を抱え込んで経営に行き詰まった中央大学は、金熙秀に経営権を譲渡した。経営権を引き受けた金熙秀は、即時すべての負債を償還した。それによって中央大学は唯一の借金のない大学となり、教職員の給与を他大学以上のレベルに引き上げ、校舎など建物の新築や増築が行われ、キャンパスの雰囲気が一変した。それを土台に中央大学はさらに飛躍の段階に入った。

金熙秀は財団理事長に就任すると、祖国の育英事業に貢献するという大きな夢を持って、大学の発展のために全身全霊を捧げた。そのような彼の純粋な気持ちを理解しようともせず、私利私欲のために大学経営を引き受けたのではないかという疑念をもち、または、他の政治的な意図をもっての学内の一部で批判する勢力があったことも事実である。それでも金熙秀は、そのような動きを一切無視し、救援投手としての任務を黙々と果たした。

倒産寸前だった大学経営を再建し、さらなる発展への道を作った金熙秀が果たした役割は非常に大きいと言わねばならない。その功績は１００年以上の伝統を持つ中央大学の歴史に刻まれている。

金熙秀は80歳を越え、高齢になったため余生は長くないと判断し、自分ができることには限界があることを自覚するようになった。大学のさらなる発展を目指して、より財政的な支援ができる財力と教育理念をもつ経営者に中央大学財団を譲ってもいいという意向を固め、後継者を物色し、韓国大手財閥の斗山グループに中央大学財団の経営権を譲渡することにした。

金熙秀理事長時代に財団の基盤をしっかりと築いた結果、中央大学はその後、順調に成長を続け、２０１６年、17年、19年度の韓国国内大学ランキング7位に上った。名実ともに名門私立大学として存在感を示している。

金熙秀は中央大学理事長退任後、秀林財団と秀林文化財団理事長に就任し、中央大学経営権譲渡の際に斗山グループから提供された出捐金１２００億ウォン（約１１６億円）のうち、２００億ウォンは秀林財団、１０００億ウォンは秀林文化財団基金としてそれぞれ寄付した。

金熙秀が韓国に残した資産といえば、公益法人としての秀林財団と秀林文化財団の基本金だけである。創設者・金熙秀の意を受け継いで、秀林財団は主として奨学事業、秀林文化財団は文化および芸術活動を支援する事業を行なっている。

金熙秀は中央大学理事長を退いてから、しばらくソウルと東京を往来しながら、秀林財団と秀林文化財団の仕事に励んだ。

ソウルから東京に戻る時は秘書役をしていた申景浩が自分の軽自動車で運転し羽田空港に出迎え、自宅まで送り迎えした。ある日、空港から出てきた金熙秀はめろめろに酔っぱらっていた。お酒を一滴も飲まない理事長が酒に酔っぱらうなんて見たことがなかったので、驚いた申景浩は「理事長、どうなさいましたか」と声をかけた。すると、「とんでもない連中だ。数十年間苦労して積み上げてきた財産を斧で根っこまで切り取ろうとしているんだ。信義なんかありゃしない。こんな状況で、希望もやりがいもなくした。腹が立って黙っていられるか。それで、飲めない酒を飲んだのだ」と興奮してしゃべりだした。

財団理事長は出張費でファースト・クラスに搭乗するので、機内でワインやウイスキーなど自由に飲める。お酒一杯も自分の金では買わない人が機内では無料なので、ウイスキーを数杯飲んだらしい。一時、銀座のビル財閥とまで言われた実業家が韓国でのIMF金融危機、日本でのバブル崩壊といった不運はあったとしても、ほとんどの財産を失うはめになった心情の爆発であろうと中景浩は察していた。そういう環境で金熙秀は白内障を患い、片目を失明した。

東京滞在中、突然、心筋梗塞と脳梗塞で倒れ、意識を失い、入院することとなった。２０１０年6月1日のことである。

それから1年8か月ほど昏睡状態に陥り、東京世田谷区にある三宿病院と自衛隊中央病院などに入院していたが、病院に長期入院できないことから、療養院で療養していた。２０１２年1月19日、88歳でこの世を去った。かつて在日同胞の羨望の的であった実業家で、韓国名門私立大学理事長を務めた金熙秀の病室は個室でもなく、庶民用の二人部屋だった。親族以外に大学関係者を含め見舞いに来る人はいなかった。最後は寂しく生涯を終えた。

李在林夫人はじめ遺族たちは故人が平素質素な葬式を望んでいたことから身内だけで葬式を済ませ、遺骨は金熙秀が前もって用意しておいた東京郊外の八王子市に所在する都立八王子霊園の一角にある「金家」の墓に収めた。ごく平凡な墓地で寂しく眠っている。

申景浩理事長と金熙秀先生墓前で　金家の墓地に墓参　申景浩理事長と筆者

一時は巨額の財産を所有していたことはあったが、金熙秀はこの世を去るとき、直系子孫には一銭も遺産として残さなかった。しかし、東京の金井学園とソウルの中央大学で人材育成のために投資した教育事業は後継者たちによって永久に続くことになる。そこから学んで育っていく人材は図り知れない財産なのだ。また、秀林財団および秀林文化財団から支援を受けて活動する優秀な人材も数多くいる。彼らの活躍も財団創立者の金熙秀にとっては、人材育成のための生きがいであった。金熙秀はあの世で、自分が蒔いた種から芽が出て、成長していくのをみながら、あれでよかったと自ら慰めているに違いない。

金熙秀の命日になると、申景浩が金井学園の役員および職員たちを誘ってお参りしている。時々、ソウルから秀林文化財団の役員や職員が参加することもある。また、２０１９年から始まった「創立者金熙秀フォーラム」のスケジュールには、八王子霊園の創立者金熙秀の墓参が恒例となっており、学生を含む教職員など参加者たちが創立者の墓前で執り行われる韓国風の祭事の儀式を体験している。それだけでなく、申景浩は、金熙秀本人の遺志を尊重し、分骨して、生まれ故郷の裏山の金家墓地に金熙秀の墓を作り、秀林文化財団の職員たちとともに墓参りしている。親族に代わって、申景浩が後見人として金熙秀死後のすべての世話をしている。

【参考文献】

朝日ジャーナル編『昭和史の瞬間』(上)、朝日新聞社、１９６６年

李民皓『在日同胞の母国愛』(韓国語)、統一日報、２０２２年

姜在彦・金東勲『在日韓国・朝鮮人：歴史と展望』労働経済社、１９８９年

小板橋二郎『コリアン商法の奇跡：日本の中のパワー・ビジネス』東京こう書房、１９８５年

㈶秀林文化財団『民族愛　大きな光　人間金熙秀』(故東喬金熙秀先生追慕文集)２０１５年

在日韓国留学生連合会『日本留学１００年史』１９８８年

秀林創立30周年記念誌編集委員会編『学校法人金井学園　秀林外語専門学校創立30周年記念誌』２０１９年

中央大学校『中央大学校１００年史』(韓国語)第1巻、第2巻、２０２１年

中央大学校80年史編纂実務委員会編『中央大学校80年史』(韓国語)中央大学出版部、１９９８年

昌原市史編纂委員会編『昌原市史』(韓国語)、１９８８年

朝鮮総督府編『朝鮮総督府統計年報』（1919年）
朝鮮総督府編『朝鮮総督府統計年報』（1942年）
鶴岡正夫編『在日韓国人の百人』（新版）、信山社、1996年
東喬金熙秀先生七旬紀念文集刊行委員会編『東喬金熙秀先生七旬紀念文集Ⅰ　民族の恨を乗り超えて』（韓国語）、中央大学校出版局、1994年
東喬金熙秀先生七旬紀念文集刊行委員会編『東喬金熙秀先生七旬紀念文集Ⅱ『東喬の思想と経綸』（韓国語）、中央大学校出版局、1994年
永野慎一郎『相互依存の日韓経済関係』勁草書房、2008年
永野慎一郎『日韓をつなぐ「白い華」綿と塩　明治期外交官・若松兎三郎の生涯』明石書店、2017年
永野慎一郎編『韓国の経済発展と在日韓国企業人の役割』岩波書店、2010年
朴鉄義「金熙秀の企業家精神は何か」『プレジデント』（韓国語）、2017年4月号
朴鉄義「空手来空手去を実践した無所有の英雄」『プレジデント』（韓国語）、2017年5月号
文甲植「中景浩秀林外語専門学校理事長忘却の中に埋められた愛国者金熙秀先生を復権させたい」『月間朝鮮』（韓国語）2017年5月号
馬山市史編纂委員会編『馬山市史』（韓国語）、1985年
間部洋一『日本経済をゆさぶる在日韓商パワー』徳間書店、1988年
柳在順「日本で会った中央大学新理事長金熙秀・李在林夫婦『女性東亜』（韓国語）1987年10月号
兪勝濬／中景浩訳『金熙秀評伝　学んでこそ、人生』彩流社、2019年

むすびに代えて

「わたしは裸で母の胎を出た。裸でそこに帰ろう」。旧約聖書ヨブ記に書かれている言葉である。すなわち、裸で生まれたので、裸で帰るのだという意味で使われている。金熙秀は、「無一文で生まれ無一文で去る」と表現し、モノを残すより、人材を残すことに生涯を賭けた。彼はまさにそのような人生だった。

少年時代は貧しい生活環境の中で育ったが、漢学者である祖父から儒教思想などの教えを受け、ときどき祖母に連れられて、キリスト教会に通いながら、西洋的な思想や知識も身に着けるようになった。そうした家庭教育が熙秀の成長期の人格形成に資するものとなった。

金熙秀の少年時代は食べるものも充分に与えられず、人びとが学べなかったことが原因で、国権が奪われ、植民地となり、農地を奪われるなど、悲惨な生活を余儀なくされていることを知る。それでも誰かを恨むようなことはなかった。この状況を脱するためには、自ら学び、努力することしかないと考えた。成功するためには、祖父と父からしつこく教えられた「正直」と「信用」を指針として、働きながら学ぶ。そのような環境においても朝鮮民族のプライドは失わなかった。

当時、日本社会で朝鮮人であるというハンディを背負っていることを考えると、他人以上の努力と、新しいアイデアが必要だった。新しいビジネスを始めるときは、緻密な事前調査と将来性と内容

金井学園役員懇談会

の充実を経営方針とした。時代を先読みし、目先の利益よりも顧客優先のビジネスに徹した。

不動産賃貸業が盛業となり、東京銀座など、主要繁華街に30棟ほどの賃貸ビルを所有する不動産財閥とまで言われた時期もあった。これだけの資産家になっても彼の生活は質素だった。自家用車を持たず、住まいは社宅。電車や地下鉄で通勤し、昼食はうどんやそばなどですませた。しかし、彼はお金の使い道が別にあった。

困っている人たち、または必要とする事業に寄付するなど、社会還元には惜しまなかった。そして、生涯の念願は祖国での人材育成であり、そのための教育事業への投資だった。

東京で学校法人金井学園設立。秀林外語専門学校（現在の「専門学校デジタル&ランゲージ　秀林」）と秀林日本語学校を設立して、国際化に対応できる人材育成を開始した。

他方、莫大な負債を抱え込んで経営危機に直面した韓国中央大学から救援要請を受ける。大学経営は人材育成のための最高の教育事業であることから、金熙秀には夢実現のための良いチャンスだった。全資産を投げうってでも惜しくないやりがいのある事業と判断し、金融機関から多額の借入をして、負債をすべて清算し、理事長に就任した。感無量だった。

金熙秀は使命感を持ち、大学キャンパスを整備し、心血を注いで大学再建に尽力した。中央大学は立派な私学として蘇生しただけでなく、韓国における大学ランキング7位に上るほど、名門大学としての地位を確保した。中央大学の「中興の祖」としての功績を残した。

新理事長は在日の実業家なので、お金はいくらでも使えるという無鉄砲な期待感がある一方、在日の不動産業者というイメージから、大学経営を利用して事業拡大を目指しているに違いないと、反対する勢力があって、金熙秀の純粋な祖国愛は一部の学内勢力には、最後まで理解を得られなかった。

ビジネスでは、きめ細かく、計画的にチェックしながら推進していた金熙秀が大学経営には素人で、しかも韓国の社会事情を良く知らず、大学社会は最高の知性人集団の集まるところなので、財政的な支援さえすれば、すべて上手くやってくれると間違った認識を持っていた。大学社会をよく理解し、補佐できる側近がいなかったことも不運であった。

それに加え、韓国のIMF金融危機と日本のバブル崩壊という時勢に直面し、日韓両国における金熙秀の資産が一夜にして消滅する状況となり、中央大学にさらなる財政的な支援は厳しくなったため、韓国大手財閥の斗山グループに経営権を譲渡した。

斗山グループへの譲渡の際、斗山グループは1200億ウォン（約116億円）を出捐金として金熙秀に渡し、金熙秀はそれを基金として秀林財団と秀林文化財団を設立し、奨学事業と文化事業を推進した。両財団は金煕秀の遺志を継いで育英事業を続けている。

金煕秀は「裸で生まれて、裸で帰った」。親族には一銭も残さず、裸になって、世を去り、八王子の東京都立霊園に静かに眠っている。

今年は金煕秀生誕100年になる年である。金煕秀生誕100周年記念式典及び記念フォーラムが6月14日・15日に東京で予定されている。

本書は、金煕秀生誕100周年に際し、新たな金煕秀評伝を依頼されたが、評伝は『金煕秀評伝 学んでこそ、人生』兪勝濬著・申景浩訳、彩流社、2019年に刊行されていることから、在日実業家の一人として、当時の歴史的な状況も併せて紹介することによって、理解しやすくなるのではないかと考え、その趣旨で原稿を整え、明石書店大江道雅社長に見せたところ、本書の企画を理解し、刊行を快諾して下さり、また、黒田貴史氏が編集を担当し、洗練された文書になった。両氏に感謝申し上げたい。なお、本書刊行に当たって、資料や写真などを準備してくれた申景浩理事長に感謝の意を表し、本書刊行に秀林文化財団から助成金の交付を受けたことを記しておく。

2024年3月

永野慎一郎

〈著者紹介〉

永野慎一郎（ながの・しんいちろう）

大東文化大学名誉教授、ＮＰＯ法人東アジア政経アカデミー代表。

1939年韓国生まれ。早稲田大学大学院政治学研究科修了、英国シェフィールド大学 Ph. D.

国際政治、東アジア国際関係論、日韓関係史専攻。

大東文化大学教授、同大学院経済学研究科委員長などを歴任。

［主な著書］

『現代国際政治のダイナミクス』（共著、早稲田大学出版部、1989年）、『アジア太平洋地域の経済的相互依存――民族と国家を超えて』（編著、未来社、1997年）、『日本の戦後補償――アジア経済協力の出発』（共著、勁草書房、1999年）、『戦後世界の政治指導者50人』（編著、自由国民社、2002年）、『世界の起業家50人――チャレンジとイノベーション』（編著、学文社、2004年）、『相互依存の日韓経済関係』（単著、勁草書房、2008年）、『韓国の経済発展と在日韓国企業人の役割』（編著、岩波書店、2010年）、『日韓をつなぐ「白い華」綿と塩――明治期外交官・若松兎三郎の生涯』（単著、明石書店、2017年）、『ある北朝鮮テロリストの生と死――証言・ラングーン事件（訳書、集英社、2021年』ほか。

「利他」に捧げた人生 ――**ある在日実業家の生涯**

2024年5月31日　初版　第1刷発行

著　者	永野慎一郎
発行者	大江道雅
発行所	株式会社 明石書店
	〒101-0021 東京都千代田区外神田6-9-5
	電話03（5818）1171
	FAX 03（5818）1174
	振替　00100-7-24505
	http://www.akashi.co.jp/
装丁	明石書店デザイン室
印刷・製本	モリモト印刷株式会社

（定価はカバーに表示してあります）　ISBN978-4-7503-5783-6

日韓をつなぐ「白い華」綿と塩

明治期外交官・若松兎三郎の生涯

永野慎一郎［著］

◎四六判／上製／256頁　◎3,000円

20世紀初め、朝鮮の木浦領事館領事に着任し、"陸地綿"と"天日塩"を導入した明治期の外交官・若松兎三郎。彼は朝鮮の産業発展に貢献し日韓の懸け橋になろうとした。本書は、その生涯を膨大な外交資料や木浦に残された事績、遺族・関係者への綿密な取材から浮かび上がらせる。

《内容構成》

〈価格は本体価格です〉

現代韓国を知るための61章【第3版】
エリア・スタディーズ 6　石坂浩一、福島みのり編著　◎2000円

韓国文学を旅する60章
エリア・スタディーズ 182　波田野節子、斎藤真理子、きむ ふな編著　◎2000円

移民大国化する韓国　労働・家族・ジェンダーの視点から
春木育美、吉田美智子著　◎2000円

ダーリンはネトウヨ　韓国人留学生の私が日本人とつきあったら
クー・ジャイン著・訳　金みんじょん訳　Moment Joon 解説　◎1300円

大学生がレイシズムに向き合って考えてみた
差別の「いま」を読み解くための入門書
一橋大学社会学部貴堂ゼミ生著　◎1600円

つくられる「嫌韓」世論　憎悪を生み出す言論を読み解く
村山俊夫著　◎2000円

奪われた在日コリアンの日本国籍
日本の移民政策を考える　李洙任著　◎3800円

在日コリアンの人権白書
在日本大韓民国民団中央本部人権擁護委員会企画
『在日コリアンの人権白書』制作委員会編　◎1500円

在日コリアン弁護士から見た日本社会のヘイトスピーチ
差別の歴史からネット被害・大量懲戒請求まで
金竜介、姜文江、在日コリアン弁護士協会編　◎2200円

在日コリアンの離散と生の諸相
表象とアイデンティティの間隙を縫って
山泰幸編著　◎3800円

マイノリティ支援の葛藤
分断と抑圧の社会的構造を問う
呉永鎬、坪田光平編著　◎3500円

黙々　聞かれなかった声とともに歩く哲学
高秉権著　影本剛訳　◎2600円

写真で見る在日コリアンの100年
在日韓人歴史資料館図録　在日韓人歴史資料館編著　◎2800円

在日という病　生きづらさの当事者研究
朴一著　◎2200円

マイノリティの星になりたい
在日コリアン教師〈本音と本気〉の奮闘記
李大佑著　◎2000円

秘録・在日コリアンヒストリー
戦後の民族組織結成から芸能・タカラヅカまで
兵庫朝鮮関係研究会編　◎3200円

〈価格は本体価格です〉